Kaizen im Rettungsdienst

Daniel Heine

Kaizen im Rettungsdienst

Schritt für Schritt besser werden, Teams stärken, Zukunft gestalten

Springer Gabler

Daniel Heine
Bünde, Deutschland

ISBN 978-3-658-50778-7 ISBN 978-3-658-50779-4 (eBook)
https://doi.org/10.1007/978-3-658-50779-4

Die Deutsche Nationalbibliothek verzeichnet diese Publikation in der Deutschen Nationalbibliografie; detaillierte bibliografische Daten sind im Internet über https://portal.dnb.de abrufbar.

Planung/Lektorat: Margit Schlomski
Springer Gabler ist ein Imprint der eingetragenen Gesellschaft Springer Fachmedien Wiesbaden GmbH und ist ein Teil von Springer Nature.
Die Anschrift der Gesellschaft ist: Abraham-Lincoln-Str. 46, 65189 Wiesbaden, Germany

Wenn Sie dieses Produkt entsorgen, geben Sie das Papier bitte zum Recycling.

Competing Interests Der/die Autor*in hat keine relevanten Interessenskonflikte im Zusammenhang mit dieser Publikation.

Inhaltsverzeichnis

1 Einleitung 1

2 Grundlagen von Kaizen 5
2.1 Ursprung und Entstehung von Kaizen 5
2.2 Die Philosophie des Kaizen 6
2.3 Die Drei-Mu-Philosophie: Muda, Mura und Muri erkennen und vermeiden 15
2.4 Kaizen als Führungsaufgabe 22
Literatur 23

3 Kaizen im Kontext Rettungsdienst 25
3.1 Die Übertragbarkeit von Kaizen auf den Rettungsdienst 25
3.2 Lernen vom Lean Hospital – Brücke zum Rettungsdienst 26
3.3 Die Rolle der Mitarbeitenden im Kaizen-Prozess 28
3.4 Grenzen und Herausforderungen der Übertragbarkeit 29
Literatur 29

4 Kaizen Tools und ihre Anwendung im Rettungsdienst 31
4.1 5S-Methode 32
4.1.1 Einordnung und Bedeutung der 5S-Methode im Rettungsdienst 33
4.1.2 Die fünf Schritte der 5S-Methode im Detail 36
4.1.3 Praxis und Umsetzung der 5S-Methode im Rettungsdienst 47
4.2 A3-Report 48
4.3 5-Why-Methode 58

4.4 Ishikawa-Diagramm 61
4.5 Pareto-Analyse (80/20 Regel) 66
4.6 Gemba Walks 70
4.7 Prozessflussanalyse 74
4.8 Why-Not-Check 78
4.8.1 Ziele und Nutzen 79
4.9 Kaizen-/KVP-Board 80
Literatur 81

5 Kaizen in der Praxis: Vom Beobachten zum nachhaltigen Verbessern 83
5.1 Qualifikation EMS Field Observer 83
5.2 Umsetzung vor Ort: Kaizen leben im Alltag 88
5.3 Schlusswort 93

Über den Autor

Prof. Dr. rer. pol. Daniel Heine wurde 1978 geboren und begann seine berufliche Laufbahn im Rettungsdienst. Über ein Jahrzehnt war er hauptberuflich im Rettungsdienst tätig und unterrichtete gleichzeitig sieben Jahre lang an Rettungsdienstschulen. 2005 entschied er sich für ein berufsbegleitendes Studium und erwarb einen Bachelor in Management im Gesundheits- und Sozialwesen sowie einen MBA in Business Development Management mit einer zusätzlichen Vertiefung in Wirtschaftspsychologie. Seine akademische Laufbahn schloss er mit der Promotion zum Dr. rer. pol. an der Universität Bremen ab, wobei er sich auf das Personalmarketing der Generation Z im Bevölkerungsschutz spezialisierte.

In seiner Karriere übernahm er vielseitige Führungs- und Entwicklungsaufgaben, unter anderem als DRK-Kreisgeschäftsführer, als Bereichsleiter einer Hochschule sowie als Führungskräfte- und Organisationsentwickler in einem Wohlfahrtsverband. Zudem ist er seit mehr als 18 Jahren als Hochschuldozent im Bereich Management und Personalmarketing im Rettungsdienst und Gesundheitswesen tätig.

Neben der Tätigkeit als Professor für Management im Gesundheitswesen an der IU – Internationale Hochschule, liegt sein Fokus auf Beratung, Führungskräftecoaching und Wissenstransfer in den Bereichen Management & Personalmarketing. Mit seiner langjährigen Erfahrung kombiniert er Praxisnähe und wissenschaftliche Expertise, um innovative Lösungen für die Herausforderungen des Rettungsdienstes zu entwickeln.

Einleitung 1

Zusammenfassung

Der Rettungsdienst steht vor wachsenden Herausforderungen: steigender Einsatzdruck, Fachkräftemangel und komplexe Qualitätsanforderungen. Klassische Qualitätsmanagementsysteme stoßen dabei oft an ihre Grenzen. Kaizen, die Philosophie der kontinuierlichen Verbesserung, bietet einen alternativen Weg: kleine, nachhaltige Veränderungen mit aktiver Beteiligung aller Mitarbeitenden. Dieses Buch zeigt, wie Kaizen systematisch im Rettungsdienst angewendet werden kann. Praxisnah, alltagstauglich und teamorientiert. Es erläutert die Grundlagen von Kaizen, grenzt es vom klassischen Qualitätsmanagement ab und stellt konkrete Werkzeuge für den Rettungsdienst vor. Ein besonderer Fokus liegt auf dem Gemba Walk und dem „EMS Field Observer"-Konzept. Darüber hinaus gibt das Buch konkrete Handlungsempfehlungen zur erfolgreichen Einführung von Kaizen in Einrichtungen des Rettungsdienstes.

Der Rettungsdienst in Deutschland ist in den vergangenen Jahren einem erheblichen Wandel unterworfen gewesen. Der steigende Einsatzaufwand, zunehmende Personalengpässe, ein wachsender Fachkräftemangel sowie die steigenden Ansprüche an die Qualität der Patientenversorgung prägen den Arbeitsalltag der Einsatzkräfte. Hinzu kommen hohe Erwartungen von Kostenträgern, medizinischen Einrichtungen und der Öffentlichkeit. Die stetige Veränderung und zunehmende Belastung des Systems erfordern ein Umdenken. Die klassische Reaktion auf diese Herausforderungen ist häufig die Einführung von starren Qualitätsmanagement-

D. Heine, *Kaizen im Rettungsdienst*,
https://doi.org/10.1007/978-3-658-50779-4_1

ansätzen, die sich an Normen und Richtlinien orientieren. Diese Ansätze haben ohne Frage ihre Berechtigung, stoßen jedoch im dynamischen Umfeld des Rettungsdienstes oft an ihre Grenzen. Die Umsetzung scheitert nicht selten an einer fehlenden Akzeptanz im Team oder daran, dass die angewandten Methoden nicht abschließend den Anforderungen des operativen Alltags gerecht werden.

▶ Kaizen, ein Begriff aus dem Japanischen, bedeutet „Veränderung zum Besseren“ und beschreibt eine Philosophie der kontinuierlichen Verbesserung. Im Gegensatz zu umfassenden Restrukturierungsprogrammen oder dem klassischen Qualitätsmanagement setzt Kaizen auf die **ständige, schrittweise Weiterentwicklung von Arbeitsprozessen.** Dabei werden alle Mitarbeitenden aktiv eingebunden und ermutigt, Verbesserungsvorschläge zu machen und diese eigenverantwortlich umzusetzen. Kaizen fördert eine Kultur, in der Fehler als Chance zur Weiterentwicklung verstanden werden und in der der Blick für Verschwendung, Ineffizienzen und Überlastungen geschärft wird.

Dieses Buch verfolgt das Ziel, die Philosophie und die Methoden von Kaizen systematisch auf den Rettungsdienst zu übertragen. Es soll aufzeigen, wie die Prinzipien kontinuierlicher Verbesserung im Rettungsdienst etabliert werden können. Dabei richtet sich das Buch nicht nur an Führungskräfte, sondern ebenso an Mitarbeitende auf allen Ebenen, die aktiv zur Verbesserung ihrer Arbeitsumgebung beitragen möchten. Kaizen ist kein reines Führungsinstrument, sondern ein gemeinsamer Weg, auf dem alle Beteiligten Verantwortung für die Weiterentwicklung ihrer Organisation übernehmen.

In den folgenden Kapiteln wird zunächst die Entstehungsgeschichte von Kaizen dargestellt und die grundlegende Philosophie dieser Denkweise erläutert. Es wird ein Verständnis dafür entwickelt, dass Kaizen nicht als kurzfristige Maßnahme, sondern als langfristige Haltung zu verstehen ist. In der weiteren Betrachtung wird Kaizen in Beziehung zu bestehenden Qualitätsmanagementsystemen im Rettungsdienst gesetzt. Hierbei wird herausgearbeitet, wo sich Kaizen ergänzend, aber auch konträr zu etablierten Strukturen verhält.

Ein besonderer Fokus dieses Buches liegt auf der praktischen Anwendung der Kaizen-Methoden im Rettungsdienst. Die einzelnen Werkzeuge, wie der PDCA-Zyklus, die 5S-Methode, der A3-Report, das Ishikawa-Diagramm, der Gemba Walk, das KVP-Board, die 5-Why-Methode, die 6 W- und 3 M-Checklisten sowie weitere praxiserprobte Instrumente, werden detailliert erklärt und auf konkrete Szenarien im Rettungsdienst übertragen. Dabei wird besonderer Wert auf Umsetzbarkeit, Alltagsrelevanz und Beteiligung der Mitarbeitenden gelegt. Der Gemba Walk wird als Schwerpunktthema besonders hervorgehoben, da er im Rettungsdienst eine wertvolle Möglichkeit darstellt, Verbesserungspotenziale direkt vor Ort zu erkennen. In diesem Kontext wird zudem das Konzept des „EMS Field Observer" vorgestellt, welches als praxisnahe Erweiterung des Gemba Walks durch den Autor entwickelt wurde.

Zudem wird ein eigenes Kapitel darüber informieren, wie Kaizen im eigenen Rettungsdienst erfolgreich eingeführt werden kann. Hierbei werden sowohl erste Umsetzungsschritte als auch Strategien zum Umgang mit Widerständen, zur Mitarbeiterbeteiligung und zur Etablierung nachhaltiger Verbesserungsprozesse vorgestellt. Der Weg zur Verankerung einer Kaizen-Kultur erfordert Geduld, Durchhaltevermögen und die Bereitschaft, auch bei Rückschlägen am kontinuierlichen Verbesserungsprozess festzuhalten.

▶ Kaizen bietet für den Rettungsdienst die Chance, bestehende Strukturen zu hinterfragen, Abläufe effizienter zu gestalten, die Arbeitszufriedenheit zu steigern und die Versorgungsqualität für Patienten nachhaltig zu verbessern. Dieses Buch soll Mut machen, Kaizen als lebendigen Prozess im eigenen Team zu etablieren und dabei von kleinen Schritten zu profitieren, die in Summe große Veränderungen bewirken können.

Grundlagen von Kaizen

2

Zusammenfassung

Kaizen bedeutet kontinuierliche Verbesserung in kleinen Schritten und entstand im Japan der Nachkriegszeit. Im Westen wurde Kaizen häufig auf den Kontinuierlichen Verbesserungsprozess (KVP) reduziert, während es in Japan als umfassende Denkhaltung verstanden wird. Kaizen setzt auf die Einbindung aller Mitarbeitenden, kontinuierliches Hinterfragen, Kostensenkung, Qualitätssicherung und Zeiteffizienz. Die Philosophie zielt auf nachhaltige Prozessverbesserungen in allen Bereichen ab und basiert auf dem PDCA-Zyklus. Führungskräfte spielen dabei eine Schlüsselrolle. Ergänzt wird Kaizen durch das Drei-Mu-Konzept: Muda (Verschwendung), Mura (Unausgeglichenheit) und Muri (Überlastung), zentrale Faktoren, die erkannt und vermieden werden müssen, um langfristig Qualität und Mitarbeitergesundheit zu sichern.

2.1 Ursprung und Entstehung von Kaizen

Kaizen (jap. 改善, „Veränderung zum Besseren“) entstand im Japan der Nachkriegszeit, als das Land vor der Herausforderung stand, seine Industrie neu aufzubauen. Die Ressourcenknappheit der Zeit erforderte ein Umdenken: Statt kostspieliger Investitionen rückte die kontinuierliche Verbesserung bestehender Prozesse in den Fokus (Imai, 1992, S. 15).

Besondere Bekanntheit erlangte der Kaizen-Ansatz durch Masaaki Imai, der 1992 mit seinem Werk Kaizen – Der Schlüssel zum Erfolg der Japaner im Wettbewerb die Philosophie weltweit popularisierte. Imai beschreibt Kaizen als eine

D. Heine, *Kaizen im Rettungsdienst*,
https://doi.org/10.1007/978-3-658-50779-4_2

kontinuierliche Verbesserung, die von allen Mitarbeitenden, einschließlich der Führungskräfte, getragen wird (Imai, 1992, S. 15). Er betont, dass Kaizen keine großen Investitionen erfordert, sondern durch kleine, konsequente Schritte Verbesserungen erzielt.

Ein wichtiger Meilenstein war die Gründung des Kaizen Institute im Jahr 1985, das Kaizen-Methoden systematisch auf Organisationen außerhalb Japans übertrug und dabei eng mit Unternehmen wie Toyota kooperierte (Kaizen Institute, 2025a).

In der westlichen Wirtschaftspraxis wurde das Konzept Kaizen übernommen, jedoch häufig anders interpretiert. Während in Japan Kaizen als umfassende Denkhaltung verstanden wird, wurde es im Westen primär als Managementsystem aufgefasst und unter dem Begriff des **Kontinuierlichen Verbesserungsprozesses (KVP)** etabliert. In Europa stehen dabei vor allem die kontinuierliche Qualitätssteigerung und Kostensenkung im Vordergrund. Kaizen wurde im westlichen Qualitätsmanagement häufig auf den Aspekt einer rein systematischen Prozessoptimierung reduziert und als integraler Bestandteil des Qualitätsmanagementsystems eingeordnet.

Der ursprüngliche Kaizen-Gedanke geht jedoch deutlich weiter. Während im Westen oftmals das bloße Streben nach Effizienzsteigerung dominiert, umfasst Kaizen im japanischen Verständnis auch ein ständiges Hinterfragen eigener Annahmen und Denkmodelle, mit dem Ziel, das Kundenwohl zu erhöhen und langfristige Win-Win-Lösungen für alle Beteiligten zu schaffen (Berger, 1997, S. 110–117). Dabei geht es nicht allein um kleine Verbesserungsschritte, sondern um die kontinuierliche Reflexion bestehender Überzeugungen, um nachhaltige Veränderungen zu ermöglichen.

Zusammenfassend kann festgehalten werden, dass Kaizen seinen Ursprung in Japan als umfassende Haltung zur stetigen Verbesserung hat und im Westen in der Praxis häufig auf ein strukturiertes Verbesserungsmanagement (KVP) innerhalb klassischer Qualitätsmanagementsysteme verengt wurde. Diese Differenzierung ist wichtig, um Kaizen im Rettungsdienst als lebendigen, kulturprägenden Ansatz und nicht bloß als ergänzende Qualitätsmanagement-Methode zu verstehen.

2.2 Die Philosophie des Kaizen

Der Geist der kleinen Schritte Das Herz der Kaizen-Denkweise liegt in der Überzeugung, dass regelmäßige, kleine Verbesserungen (Small-Step-Verbesserungen) im Alltag nachhaltige Wirkung entfalten können. Anders als bei Innovationen, die auf radikale, abrupte Veränderungen setzen, wird hier der Weg

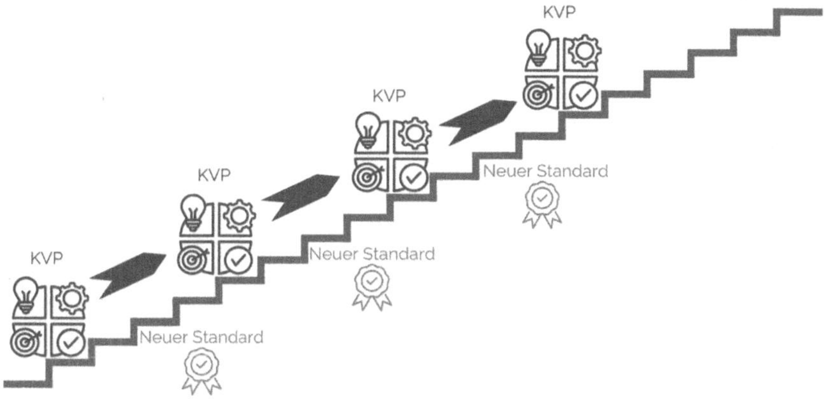

Abb. 2.1 Kontinuierlicher Verbesserungsprozess – KVP. (Eigene Erstellung)

über kontinuierliche Teiloptimierungen bevorzugt (Imai, 1992, S. 27). Kaizen ist damit nicht auf punktuelle Verbesserungsprojekte beschränkt, sondern als dauerhafte Haltung angelegt. Abb. 2.1 veranschaulicht den kontinuierlichen Verbesserungsprozess (KVP) in kleinen Schritten. Im Gegensatz zu großen Innovationen wird hier mittels der Small-Step-Verbesserungen stetig der Standard verbessert und auf dieser Basis weiter nach kontinuierlichen Verbesserungen gestrebt. Das Unternehmen entwickelt sich so stetig weiter.

Jeder kann einen Beitrag leisten Kaizen setzt konsequent auf die Einbindung aller Mitarbeitenden – von der Führungskraft bis zum Berufsanfänger. *„Everyday improvement, everybody improvement, everywhere improvement"* (Imai, 1992, S. 27–29) beschreibt den Kern dieser Philosophie. Alle Mitarbeitenden werden ermutigt, Verbesserungspotenziale zu erkennen, Vorschläge zu machen und aktiv an deren Umsetzung mitzuwirken. Diese Grundhaltung stärkt Verantwortung, Selbstwirksamkeit und Zugehörigkeit im Team.

Die folgende Tab. 2.1 zeigt die Grundidee der Hierarchie der Beteiligung an Kaizen in Unternehmen.

Die von Imai (1992) dargestellte Hierarchie der Beteiligung an Kaizen verdeutlicht, dass kontinuierliche Verbesserungsprozesse nicht isoliert in einzelnen Organisationsebenen stattfinden können, sondern ein abgestimmtes Handeln aller Beteiligten erfordern. Beginnend bei der obersten Führungsebene, die die strategische Ausrichtung und notwendige Strukturen vorgibt, über das mittlere Management, das für die Umsetzung und Koordination verantwortlich ist, bis hin zu den

Tab. 2.1 Die Hierarchie der Beteiligung an Kaizen

Top-Management	Mittleres Management und Stab	Meister	Arbeiter
Einführung von Kaizen als grundlegende Strategie	Entwicklung und Durchsetzung der vom Top-Management entwickelten Zielsetzungen durch verbreitende Maßnahmen und interfunktionales Management	Funktionstüchtige Anwendung von Kaizen	Teilnahme an Kaizen durch Vorschlagswesen und Kleingruppenaktivität
Förderung und Leitung von Kaizen durch geeignete Hilfsmittel	Nutzung von Kaizen in funktionalen Systemen	Planentwicklung zur Realisierung von Kaizen und Förderung von Führungseigenschaften	Disziplin innerhalb der Arbeitsgruppen halten
Etablierung von Policies für Kaizen und interfunktionale Ziele	Festigung, Erhaltung und Steigerung der Standards	Unterstützung von Kleingruppenaktivitäten sowie dem individuellen Vorschlagssystem	Weiterentwicklung der bewussten Auseinandersetzung mit dem Arbeitsprozess zur besseren Lösung von Problemen
Realisierung der Kaizen-Ziele durch Policy-Verbreitung und Überprüfung	Förderung des Kaizen-Bewusstseins der Arbeiter durch Trainingsprogramme	Einführung von Disziplin innerhalb der Arbeitsgruppen	Erhöhung der Fachkenntnis und Arbeitserfahrung durch weiterführende Seminare
Aufbau von Systemen, Arbeitstechniken und Strukturen entsprechend dem Kaizen-Prinzip	Hilfestellung für die Arbeiter, Fähigkeiten und Werkzeuge zur Problemlösung zu entwickeln	Förderung neuer Kaizen-Ideen	

Quelle: Imai, 1992, S. 29

operativen Ebenen, auf denen Ideen entstehen und konkrete Verbesserungen umgesetzt werden, entfaltet Kaizen seine Wirkung durch ein systematisches Zusammenwirken aller Hierarchiestufen.

Um die Übertragbarkeit auf den Rettungsdienst zu gewährleisten, wurden die Rollenbezeichnungen und Aufgabenfelder an die Strukturen eines typischen Rettungsdienstunternehmens angepasst. Dadurch wird ersichtlich, wie sich die Kaizen-Philosophie auf strategischer, organisatorischer und operativer Ebene im Rettungsdienst verankern lässt. Die folgende Tab. 2.2 *Kaizen-Hierarchie der Beteiligung im Rettungsdienst* veranschaulicht diese Übertragung und zeigt, welche Aufgaben und Verantwortlichkeiten den jeweiligen Ebenen im Kontext kontinuierlicher Verbesserung zugeordnet werden können.

Hinterfragen statt akzeptieren Ein zentrales Prinzip der Kaizen-Philosophie ist das ständige Infragestellen des Status quo. Bestehende Annahmen, Prozesse und Denkmodelle werden aktiv hinterfragt, um Verbesserungsmöglichkeiten zu identifizieren (Helmold, 2023, S. 27). Kaizen fördert damit ein kritisches und reflexives Denken, das über die reine Prozessoptimierung hinausgeht. Der Fokus liegt nicht nur auf Effizienz, sondern auch auf der Erhöhung des Kundennutzens und der nachhaltigen Weiterentwicklung.

Übertragen auf den Rettungsdienst bedeutet dies, dass gewachsene Routinen in der Organisation, etwa bei der Dienstplanung, in Kommunikationswegen oder bei Schnittstellen zwischen Rettungswachenleitung und Rettungsdienstleitung, regelmäßig kritisch überprüft werden. Nicht der Gedanke „Das haben wir schon immer so gemacht" soll dominieren, sondern die Frage, wie Arbeitsabläufe einfacher, gerechter und transparenter gestaltet werden können. Damit richtet sich Kaizen im Rettungsdienst weniger auf medizinische Standards, die ohnehin stark reglementiert sind, sondern vielmehr auf die Weiterentwicklung des Unternehmens als Ganzes: auf eine effiziente Nutzung von Ressourcen, die Entlastung der Mitarbeitenden, eine bessere interne Zusammenarbeit und die Fähigkeit, sich nachhaltig an veränderte Rahmenbedingungen anzupassen.

Ziele des Kaizen Mit Kaizen werden mehrere Ziele gleichzeitig verfolgt. Ein wesentliches Ziel ist die Steigerung der Kundenzufriedenheit, denn die Bindung bestehender Kunden ist in der Regel kostengünstiger als deren Neugewinnung. Um Kundenzufriedenheit zu sichern, stehen drei zentrale Faktoren im Vordergrund:

- Kostensenkung
- Qualitätssicherung
- Schnelligkeit und Zeiteffizienz

Befürworter der Kaizen-Methode betrachten dabei den gegenwärtigen Zustand niemals als optimal, sondern grundsätzlich als verbesserungswürdig. Veränderungen

Tab. 2.2 Kaizen-Hierarchie der Beteiligung im Rettungsdienst

Geschäftsführung/Vorstand/ Bereichsleitung	Rettungsdienst-leitung	Rettungswachenleitung/ Leitende Praxisanleitung	Rettungsdienst-personal
Entwicklung einer kontinuierlichen Verbesserungsstrategie für Qualität, Sicherheit und Prozesse im Rettungsdienst	Umsetzung der strategischen Ziele in konkrete Maßnahmen und Koordination aller Standorte und Fachbereiche	Funktionsfähige Umsetzung der Verbesserungsprozesse auf Wachenebene und in der praktischen Ausbildung	Einbringen von Verbesserungsvorschlägen aus dem Alltag und Teilnahme an Team-Workshops
Bereitstellung von Ressourcen und Schaffung geeigneter Strukturen für Verbesserungsprozesse	Integration der Kaizen-Prinzipien in Leitlinien, Qualitätsmanagement und betriebliche Standards	Planung und Durchführung konkreter Verbesserungsprojekte sowie Förderung von Führungs- und Teamkompetenzen	Einhaltung vereinbarter Abläufe und Sicherheitsstandards im Einsatz
Definition von Qualitätszielen und übergreifenden Kennzahlen für den Rettungsdienst	Kontinuierliche Überprüfung und Optimierung bestehender Prozesse und Qualitätsstandards	Unterstützung von Mitarbeitenden-Initiativen und Kleingruppenprojekten zur Prozessverbesserung	Weiterentwicklung der eigenen Arbeitsweise zur Verbesserung von Patientensicherheit und Arbeitsorganisation
Kontrolle und Evaluation der Umsetzungsergebnisse durch regelmäßige Reviews und Qualitätsaudits	Schulung und Sensibilisierung des Personals für Qualitäts- und Verbesserungsprozesse	Förderung von Disziplin, Teamkultur und gegenseitiger Unterstützung im Arbeitsalltag	Teilnahme an internen Fortbildungen und Fachseminaren zur Steigerung von Fachkenntnissen und Handlungskompetenz
Aufbau einer Organisationskultur, die Lernen aus Fehlern und Innovation fördert	Bereitstellung von Tools, Daten und Methoden für Mitarbeitende, um Verbesserungspotenziale zu identifizieren und umzusetzen	Initiierung und Begleitung neuer Ideen aus den Teams sowie Unterstützung bei deren Umsetzung	Aktive Mitgestaltung neuer Prozesse und Abläufe im Arbeitsalltag

Quelle: Eigene Erstellung nach Imai (1992, S. 29)

sind integraler Bestandteil der Kaizen-Philosophie und werden ausdrücklich begrüßt.

Darüber hinaus bezieht Kaizen auch Veränderungen im Bereich der Mitarbeitenden ein. Durch ständige Weiterbildung und die Reduktion von Hierarchieebenen soll das Engagement der Beschäftigten gefördert werden. Kaizen verlangt eine Anpassung innerbetrieblicher Strukturen, sodass Mitarbeitende unabhängig von ihrer Position ein Mitspracherecht bei Verbesserungen erhalten. Dieses Prinzip ist eng mit modernen Veränderungsmanagement-Ansätzen verwandt.

Die Kaizen-Philosophie plädiert für die Einbindung aller Bereiche einer Organisation. Durch gezielte Prozessverbesserungen soll ein besseres Arbeitsumfeld für alle Beteiligten geschaffen werden, was wiederum die Qualität der Leistungen und Produkte sichert. Die stetige Verbesserung ist dabei nicht auf einzelne Abteilungen beschränkt, sondern soll die gesamte Organisation erfassen (Imai, 1997, S. 29).

PDCA- und SDCA-Zyklen im Rettungsdienst: Herzstück der kontinuierlichen Verbesserung Die Zyklen **PDCA** (Plan – Planen, Do – Ausführen, Check – Überprüfen, Act – Handeln) und **SDCA** (Standardize – Standardisieren, Do – Ausführen, Check – Überprüfen, Act – Handeln) bilden die Grundlage des Kaizen-Ansatzes und sind Motor für eine nachhaltige Prozessverbesserung. Während der PDCA-Zyklus auf die Weiterentwicklung von Prozessen zielt, sorgt der SDCA-Zyklus für die Stabilisierung und Standardisierung bestehender Abläufe.

► Beide Zyklen verdeutlichen die zentrale Logik von Kaizen: Nur wer Standards verlässlich etabliert, kann diese anschließend wirksam verbessern.

SDCA-Zyklus – Standardisieren, Ausführen, Überprüfen, Handeln Der **SDCA-Zyklus** Abb. 2.2 macht deutlich, dass jede Verbesserung auf einer stabilen und verlässlichen Basis aufbauen muss. Bevor Prozesse im Rahmen des PDCA-Zyklus optimiert werden können, ist es notwendig, dass sie zunächst eindeutig definiert, dokumentiert und standardisiert sind. **Standardisierung** bedeutet hierbei nicht nur die schriftliche Festlegung von Verfahren, sondern auch deren konsequente Einhaltung im Arbeitsalltag. Nur wenn Abläufe klar geregelt und von allen Beteiligten gleich umgesetzt werden, lassen sich Abweichungen erkennen und Verbesserungen gezielt ableiten.

Die Phase des **„Do“** im SDCA-Zyklus steht für die Umsetzung dieser Standards im täglichen Handeln. Es reicht nicht aus, Regelwerke oder Leitfäden zu formulie-

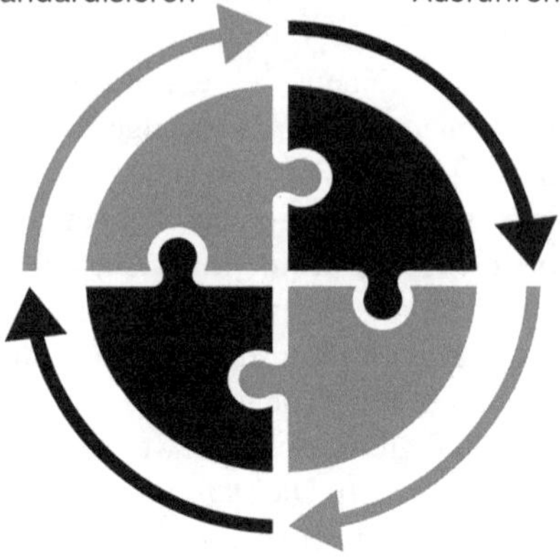

Abb. 2.2 SDCA Zyklus. (Eigene Erstellung)

ren – entscheidend ist, dass Mitarbeitende sie verstehen, anwenden und in ihrer Routine verankern. Das **„Check“** überprüft anschließend, ob die festgelegten Standards tatsächlich eingehalten werden und ob sie den gewünschten Effekt erzielen. Im letzten Schritt, **„Act“**, werden gegebenenfalls Anpassungen vorgenommen, um die Standards weiter zu festigen oder zu präzisieren.

SDCA ist daher vor allem ein Instrument der Qualitätssicherung. Es sorgt dafür, dass Organisationen nicht auf unsicherem Fundament optimieren, sondern zunächst eine verlässliche Ausgangsbasis schaffen. Erst wenn diese Grundlage stabil ist, kann der PDCA-Zyklus greifen, der auf Weiterentwicklung und Innovation ausgerichtet ist. In diesem Zusammenspiel ergeben sich zwei komplementäre Aufgaben des Managements: zum einen die Sicherung und Pflege stabiler Standards, zum anderen die gezielte Förderung von Verbesserungen. (Kaizen Institute, 2025b.)

PDCA-Zyklus – Planen, Ausführen, Überprüfen, Handeln Der **PDCA-Zyklus,** auch als *Deming-Kreis* bekannt, beschreibt eine kontinuierliche Abfolge von Schritten: In der Planungsphase werden Ziele und Maßnahmen definiert. In der Durchführungsphase werden die geplanten Schritte umgesetzt. In der Überprüfungsphase werden Ergebnisse gemessen und mit den Erwartungen verglichen. In der Handlungsphase erfolgt die Anpassung und Standardisierung der Verbesserungen. Dieser Zyklus verankert die Logik des Lernens im Alltag einer Organisation. Abb. 2.3

Abb. 2.3 PTCA Zyklus. (Eigene Erstellung)

Übertragung auf den Rettungsdienst Für den Rettungsdienst bedeutet dies:

- Standards in Bereichen wie Dienstplanung, Fahrzeugdisposition, Dokumentationsprozessen oder der internen Kommunikation müssen zunächst klar definiert und konsequent umgesetzt werden (SDCA).

Erst auf dieser Basis können Prozesse kontinuierlich verbessert werden (PDCA). Werden beispielsweise Dienstplanregeln eingehalten und transparent kommuniziert, kann anschließend überprüft werden, wie sie fairer gestaltet oder digital unterstützt werden können. Genauso gilt: Erst wenn Schnittstellen zwischen Rettungswachenleitung und Rettungsdienstleitung verlässlich funktionieren, können diese im nächsten Schritt effizienter, schneller oder mit weniger Reibungsverlusten gestaltet werden.

Prozessorientierung statt Ergebnisorientierung Ein wesentlicher Unterschied zum klassischen, ergebnisorientierten Denken ist die starke Prozessorientierung von Kaizen. Ergebnisse gelten hier lediglich als Spiegelbild der Qualität zugrunde liegender Prozesse. Werden Kennzahlen wie Fehlzeiten, Kosten oder Mitarbeiterzufriedenheit nicht erreicht, liegt der Fokus nicht auf Schuldzuweisungen, sondern auf der Analyse des Prozesses, der diese Ergebnisse hervorgebracht hat.

Erfolgsmessung im Rettungsdienst Die Wirksamkeit von Kaizen zeigt sich daher weniger in kurzfristigen Ergebnissen als vielmehr in der Fähigkeit, Standards konsequent aufrechtzuerhalten und kontinuierlich zu verbessern. Für das Management im Rettungsdienst bedeutet dies, Verantwortung für die Steuerung und Begleitung dieser Zyklen zu übernehmen. Der Erfolg zeigt sich darin, ob Dienstabläufe, Organisationsstrukturen und Kommunikationswege stabil funktionieren und gleichzeitig Schritt für Schritt verbessert werden.

Prozess- und Kundenorientierung Im Zentrum der Kaizen-Philosophie stehen Prozesse und Kundennutzen. Die Optimierung richtet sich nicht nur auf Endprodukte, sondern insbesondere auf die Prozessschritte entlang der Wertschöpfungskette. Der Kunde – sowohl extern als auch intern – wird als entscheidende Bezugsgröße verstanden (Imai, 1997, S. 19). Kaizen strebt an, Verschwendungen zu reduzieren, Prozesszeiten zu verkürzen, Qualität zu steigern und Ressourcen effizienter einzusetzen.

Abgrenzung zur westlichen KVP-Auffassung In westlichen Qualitätsmanagementsystemen wird Kaizen häufig als kontinuierlicher Verbesserungsprozess (KVP) interpretiert. Dabei liegt der Fokus oftmals auf der systematischen Prozessoptimierung und Kosteneffizienz. Die Kaizen-Philosophie im japanischen Verständnis geht jedoch darüber hinaus. Sie betont das ständige Hinterfragen von Grundannahmen, die Einbindung aller Mitarbeitenden und das Streben nach einem besseren Arbeitsumfeld. Während der westliche KVP oft formalisiert und zahlenorientiert umgesetzt wird, ist Kaizen im Ursprung ein kulturell verankerter, beteiligungsorientierter Veränderungsansatz (Berger, 1997, S. 110–117).

Zusammenfassend kann man 10 Prinzipien des Kaizen folgendermaßen darstellen (Helmold, 2023, S. 28):

1. **Hinterfragen Sie den Ist-Zustand und sagen Sie Nein zum Status quo:** Bestehende Abläufe sollten niemals als unveränderlich hingenommen werden.**Fehler müssen sofort korrigiert werden:** Probleme sollten nicht aufgeschoben, sondern direkt behoben werden.
2. **Vermeiden Sie Ausreden und kommen Sie ins Handeln:** Statt Gründe zu suchen, warum etwas nicht geht, sollte aktiv nach Lösungen gearbeitet werden.
3. **Streben Sie nach kontinuierlicher Verbesserung:** Jeder Bereich kann und sollte regelmäßig optimiert werden.

4. **Verabschieden Sie überholte Denkweisen:** Traditionen und eingefahrene Strukturen dürfen hinterfragt und angepasst werden.
5. **Gehen Sie sparsam mit Ressourcen um:** Effizienz und Vermeidung von Verschwendung sind zentrale Prinzipien.
6. **Ermöglichen Sie allen Mitarbeitenden, an Verbesserungen mitzuwirken:** Jede und jeder im Team sollte aktiv in Problemlösungen eingebunden sein.
7. **Fragen Sie fünfmal „Warum?“:** Durch konsequentes Nachfragen wird der eigentlichen Ursache eines Problems auf den Grund gegangen.
8. **Beziehen Sie verschiedene Perspektiven ein:** Entscheidungen sollten auf einer breiten Informationsbasis getroffen werden.
9. **Verbesserung kennt keine Grenze:** Der Prozess der Weiterentwicklung ist niemals abgeschlossen – es gibt immer Potenzial für Optimierung.

2.3 Die Drei-Mu-Philosophie: Muda, Mura und Muri erkennen und vermeiden

Ein zentrales Element der Kaizen-Philosophie ist das konsequente Streben nach der Reduktion von Belastungen, Unregelmäßigkeiten und Verschwendung. Diese Denkweise ist im japanischen Original unter dem Begriff der **„Drei Mu“** bekannt: Muda (Verschwendung), Mura (Unausgeglichenheit) und Muri (Überlastung). Während viele Kaizen-Werkzeuge darauf abzielen, diese Phänomene gezielt zu identifizieren und zu verringern, steht hinter den Drei Mu ein tieferes Verständnis dafür, was Prozesse im Arbeitsalltag wirklich belastet.

Muda (Verschwendung) Muda bezeichnet alle Aktivitäten, die Ressourcen verbrauchen, ohne einen Mehrwert zu schaffen. Im Rettungsdienst zeigt sich Muda beispielsweise in doppelter Dokumentation, langen Wegen zur Materialaufrüstung nach Einsätzen oder überflüssigen Kontrollschleifen, die keine Qualitätsverbesserung bringen.

Im Sinne von Kaizen ist es entscheidend, diese Formen der Verschwendung nicht nur oberflächlich zu beseitigen, sondern systematisch zu identifizieren und dauerhaft zu reduzieren. Taichi Ohno (2013, S. 53), einer der Begründer des Toyota-Produktionssystems, betont in seinem Werk die Bedeutung einer umfassenden Analyse der Verschwendung. Zwei zentrale Prinzipien stehen dabei im Mittelpunkt:

1. **Effizienzsteigerung ist nur dann sinnvoll, wenn sie mit einer tatsächlichen Ressourcenschonung einhergeht.** Das bedeutet: Es soll nur das produziert werden, was auch wirklich gebraucht wird – mit minimalem Personal- und Mitteleinsatz.
2. **Effizienz muss auf allen Ebenen analysiert werden:** bei der einzelnen Arbeitskraft, dem Team, dem gesamten Ablauf – und letztlich der Gesamtorganisation.

Erst wenn Verschwendung vollständig identifiziert und eliminiert wird, kann die tatsächliche Arbeit mit 100 % Effizienz geleistet werden. Die Beseitigung von Muda ist somit keine Rationalisierungsmaßnahme im engeren Sinne, sondern ein Beitrag zur nachhaltigen Gestaltung von Prozessen im Rettungsdienst.

Die sieben klassischen Verschwendungsarten (nach Toyota) angepasst auf Situationen im Rettungsdienst

1. **Überproduktion:** Mehr herstellen oder vorhalten, als tatsächlich benötigt wird.
   - Zu viele Dienstanweisungen oder Formulare, die veraltet, doppelt oder irrelevant sind, aber dennoch aufrechterhalten werden.
   - Vorbereiten von Medikamenten, die im Nachgang nicht benötigt werden.
   - Überstunden durch falsche Dienstplanung und nicht überlappenden Schichtwechseln (RTW 1 wechselt um 07:00 Uhr und RTW 2 um 08:00 Uhr etc.)
2. **Wartezeiten:** Leerlauf durch schlecht abgestimmte Abläufe, Wartezeiten oder mangelnde Abstimmung.
   - Warten auf Rückmeldung zu freien Krankenhausbetten
   - Wartezeiten vor Klinikaufnahmen, etwa durch fehlende Informationen oder belegte Räume/Tragen.
   - Warten auf Datenübertragungsmöglichkeit beispielsweise mit dem NIDA-pad, weil die Verbindungen abbrechen, keine Dockingstation oder zu wenige vorhanden sind.
3. **Transport:** Unnötige Wege oder Transporte von Materialien, Personen oder Informationen.
   - Lagerorte von Verbrauchsmaterialien sind über mehrere Etagen oder Gebäudeteile verteilt, statt zentral und logisch organisiert. Der RTW der Außenwache oder des Stellplatzes, der oft zum Auffüllen zur Hauptwache muss.
   - Unnötige Patiententransporte durch fehlende und sichere Alternativen wie beispielsweise G-NFS Modellen und Implementierung vom Vorbeugenden Rettungsdienst.
   - Informationsweitergabe per Ausdruck und Laufweg zum „schwarzen Brett“ für alle Beteiligten, obwohl digitale Lösungen vorhanden wären.

4. **Überbearbeitung:** Mehr Aufwand als Mehr Aufwand als für das Ergebnis nötig ist.
   - Versand gleicher Informationen über mehrere Kanäle: E-Mail, Aushang, Messenger und zusätzlich als Info im digitalen Infoboard, was nicht nur überflüssig ist, sondern Verwirrung stiftet.
   - Mehrstufige Freigabeprozesse für einfache Entscheidungen. Beispielsweise bei der Urlaubsplanung oder der Bestellung von Alltagsmaterialien, die zunächst mehrere Unterschriften benötigen, obwohl es klare Richtlinien gibt.
   - Wenn digitale Werkzeuge – insbesondere KI – nicht genutzt werden, obwohl sie Prozesse vereinfachen, beschleunigen oder effizienter gestalten könnten, handelt es sich um eine implizite Überbearbeitung durch unnötig analoge oder manuelle Vorgehensweisen.
5. **Bestände:** Zu große Lagerbestände, ungenutztes Material oder abgelaufene Vorräte.
   - Vollgestopfte Materialschubladen, bei denen das Mindesthaltbarkeitsdatum nicht mehr überblickt wird.
   - Mehrfach vorhandene Materialien (die berühmte vollgestopfte Schublade mit den Infusionen) in Fahrzeugen, „für den Fall, dass...", ohne echte Notwendigkeit.
   - Lagerhaltung ohne Bestandssystem, bei dem Materialien verfallen oder vergriffen sind, weil der Überblick fehlt und keine gute FIFO-Logik[1] angewendet werden kann.
6. **Bewegungen:** Unnötige Laufwege, ständiges Suchen nach Geräten oder Formularen.
   - Ständiges Nachfragen und Suchen, wo bestimmtes Material gelagert oder verlastet ist, beispielsweise bei ungekennzeichneten Schränken oder unklar benannten Modultaschen im Notfallrucksack.
   - Digitale Suchvorgänge, etwa nach Formularen oder Richtlinien im Intranet zählen ebenfalls zur Verschwendung durch unnötige Bewegungen und Zeitverluste.
   - Mehrfache Wege innerhalb der Rettungswache, um Routineaufgaben (z. B. Fahrzeugcheck, Übergabe) zu erledigen, weil Lager, Desinfektion, Büro oder Werkstatt ungünstig verteilt oder schlecht organisiert sind.

[1] FIFO (First In – First Out) bezeichnet ein Lagerprinzip, bei dem zuerst eingelagerte Artikel auch zuerst wieder entnommen werden. So wird sichergestellt, dass Materialien, z. B. Medikamente oder Verbrauchsmaterialien, nicht verfallen und stets in korrektem Zustand verwendet werden.

- Nicht ergonomische und nicht sinnvolle Lagerung von Material in Lagern, z. B. wenn schwere Gegenstände oben gelagert werden oder häufig benötigtes Material schwer zugänglich im hinteren Bereich liegt. Eine ineffiziente Lagerlogik zeigt sich auch darin, dass thematisch zusammengehöriges Material (z. B. Infusionszubehör und Zugangssets) getrennt gelagert wird, obwohl es im Einsatzfall oder beim Wiederauffüllen stets gemeinsam entnommen wird. Eine durchdachte, ergonomische und nutzungsorientierte Lagerstruktur kann hier Laufwege, Suchzeiten und körperliche Belastung mehrfach täglich reduzieren.

7. **Fehler/Nacharbeit:** Korrekturen und Doppelarbeiten aufgrund von Missverständnissen, unklaren Anweisungen oder falscher Ausführung.
   - Nachträgliche Korrekturen von Einsatzprotokollen, weil relevante Informationen fehlten oder fehlerhaft dokumentiert wurden.
   - Nachbearbeitung von Dienstplänen, weil Dienstplanwünsche durch mangelhafte Kommunikation übersehen oder nicht präzise dokumentiert wurden.
   - Unnötige Änderungen/Nachbesetzungen im Dienstplan, weil zu Zeiten mit hohem Ausfallrisiko nicht mit ausreichender Reserve (z. B. ZBV oder Springer) geplant wurde, was zu kurzfristigem Umplanen und Unzufriedenheit führt.[2]

Zwei moderne Erweiterungen der Verschwendungslogik

8. **Nicht genutztes Mitarbeiterpotenzial:** Wissen, Ideen und Kompetenzen der Mitarbeitenden werden nicht einbezogen oder gehen durch mangelnde Beteiligung verloren.
   - Ideen aus dem Team werden nicht erfasst oder weiterverfolgt, etwa zur Optimierung von Fahrzeugchecklisten oder Lagerstruktur, obwohl Mitarbeitende täglich mit den Schwachstellen arbeiten.
   - Fähigkeiten und Zusatzqualifikationen werden nicht berücksichtigt, z. B. Mitarbeitende mit Simulations- oder Ausbildererfahrung werden nicht

[2] Aus praktischer Erfahrung zeigt sich, dass bestimmte Teamkonstellationen – etwa zwischen Personen, die wiederholt Konflikte miteinander haben oder schlicht ungern zusammenarbeiten – zu spürbaren Belastungen im Dienst führen können. In der Folge kommt es nicht selten zu spontanen Krankmeldungen oder sinkender Arbeitsmotivation. Auch wenn dieses Vorgehen nicht die Ursache des Problems löst, kann es hilfreich sein, solche Konstellationen bei der Dienstplanung vorausschauend zu vermeiden. Eine realistische Einschätzung und sensible Berücksichtigung im Planungsprozess kann somit dazu beitragen, Ausfälle zu minimieren und die Einsatzqualität aufrechtzuerhalten.

in Schulungen eingebunden, auf pädiatrische Notfälle spezialisierte Mitarbeitende geben keine Teamfortbildungen und junge Mitarbeitende die genau wissen, wie ihre Zielgruppe „tickt“ werden nicht in Social Media Marketing eingebunden.
   - Engagierte Mitarbeitende mit Führungsinteresse erhalten keine Entwicklungsangebote oder Feedforwardgespräche, wodurch Motivation und Bindung sinken.
9. **Mangelnde Kommunikation:** Informationsverluste, Missverständnisse oder unnötige Rückfragen durch unstrukturierte oder fehlende Kommunikation
   - Fehlende Weitergabe von Informationen bei Fahrzeugübergaben im Schichtwechsel oder durch Leitungen beim Dienstantritt.
   - Unklare oder zu späte Kommunikation bei Änderungen, z. B. bei Dienstplanänderungen, Fahrzeugausfällen oder Fortbildungsterminen führt zu Verwirrung oder Mehraufwand. Insbesondere auch unklare Strukturen/Anforderungswegen bei Dienstplanwünschen durch Mitarbeitenden kann zu Fehlern bei der Dienstplanung führen und Wünsche werden übersehen.
   - Unstrukturierte Übergaben zwischen Rettungsdienst und Klinikpersonal, wodurch wichtige Informationen verloren gehen und der Versorgungsprozess ins Stocken gerät.

Diese neun Verschwendungsarten bilden das Fundament für viele Kaizen-Methoden, die im weiteren Verlauf dieses Buches vorgestellt werden. Sie bieten auch im Rettungsdienst einen wertvollen Orientierungsrahmen, um Abläufe kritisch zu hinterfragen, Potenziale zu erkennen und konkrete Verbesserungen im Team umzusetzen.

Mura (Unausgeglichenheit) Während Muda (Verschwendung) meist unmittelbar sichtbar ist, zeigt sich Mura, also Unausgeglichenheit, oft schleichend, etwa in Form von **sprunghaften Arbeitsbelastungen, unklaren Zuständigkeiten** oder **unstetigen Abläufen.** Gemeint sind schwankende oder inkonsistente Prozesse, die zu Ineffizienz, Frust und letztlich auch zu Fehlern führen können.

Im Rettungsdienst tritt Mura typischerweise auf, wenn Arbeit nicht gleichmäßig verteilt ist, sowohl über Zeiträume hinweg (z. B. starke Belastung an bestimmten Wochentagen oder Schichten) als auch innerhalb eines Teams (z. B. ungleich verteilte Aufgaben im Einsatz oder auf der Wache).

Mura entsteht aber auch dann, wenn Mitarbeitende **nicht ausgewogen in unterschiedliche Einsatzbereiche eingebunden werden:** Beispielsweise kann eine überproportionale Einteilung auf eine stark frequentierte Innenstadtwache oder auf einen hoch ausgelasteten Rettungswagen (RTW) im Vergleich zu einer weniger beanspruchten Außenwache oder einem weniger frequentierten Notarzteinsatzfahrzeug (NEF) zu systematischer Über- bzw. Unterforderung führen. **Fehlplanung dieser Art schafft Ungleichgewicht und kann langfristig zu Frustration, Unzufriedenheit oder gar zur inneren Kündigung führen.**

Besonders gefährlich wird Mura, wenn sie über längere Zeit nicht erkannt wird. Dann kann sie zu Muri (Überlastung) führen, also dem dritten „Mu" und damit nicht nur zu Fehlern, sondern auch zu gesundheitlichen Schäden bei Mitarbeitenden.

Muri (Überlastung) Muri bezeichnet Situationen der Überlastung, sowohl auf der Ebene von Menschen als auch von Maschinen, Prozessen oder Systemen. Anders als Muda (Verschwendung) oder Mura (Unausgeglichenheit) ist Muri besonders kritisch, weil es direkt zur Fehleranfälligkeit, zum Qualitätsverlust und zu gesundheitlichen Belastungen führt. Im schlimmsten Fall kann Muri zu Ausfällen führen, bei Technik ebenso wie bei Mitarbeitenden.

Im Rettungsdienst entsteht Muri auch typischerweise durch schlecht abgestimmte Prozesse, zu hohe Erwartungen, unklare Zuständigkeiten oder ein hohes Maß an Multitasking. Wird ein Mitarbeitender beispielsweise gleichzeitig für viele verschieden Zusatzaufgaben verantwortlich gemacht, ist eine Überlastung programmiert. Auch Überstunden, fehlende Pausen oder ständige Erreichbarkeit außerhalb der Arbeitszeit zählen zu Muri.

Gerade engagierte und leistungsbereite Mitarbeitende übernehmen häufig freiwillig zahlreiche Zusatzaufgaben und gelten als besonders zuverlässig. Doch auch bei intrinsisch motivierten Personen ist es Aufgabe der Organisation, Überlastung frühzeitig zu erkennen und aktiv vorzubeugen. Denn wer sich dauerhaft überfordert, oft aus Pflichtgefühl oder wegen der Anerkennung, ist besonders anfällig für die Folgen von Muri (Überlastung). Der Schutz dieser Schlüsselpersonen ist eine Fürsorgepflicht.

▶ Besonders brisant ist, dass Muri oft das Ergebnis von Mura und Muda ist: Wenn Arbeit ungleich verteilt ist (Mura) oder ineffizient organisiert ist (Muda), tragen Einzelne dauerhaft zu viel Verantwortung, oder werden zu viel belastet, was in Muri münden kann.

Muri erkennen: erste Warnsignale:
- Erhöhte Krankheitsquote, insbesondere durch psychische oder stressbedingte Ursachen
- Zunehmende Fehlerhäufigkeit trotz Fachkompetenz
- Rückzug, Frustration oder Zynismus im Team
- Häufung von „Diensttauschwünschen" bei bestimmten Aufgaben oder Teams
- Verzicht auf Pausen, selbstgewählte Mehrarbeit, ständige Erreichbarkeit

Maßnahmen gegen Muri:
- Ressourcenorientierte Aufgabenverteilung und klare Zuständigkeiten im Team
- Reduktion von Bürokratie durch schlanke Prozesse und nutzungsfreundliche SOPs
- Begrenzung gleichzeitiger Projekte: Keine parallele Einführung mehrerer großer Neuerungen ohne Koordination
- Feedback- und Beschwerdekanäle, die ernst genommen und aktiv aufgegriffen werden
- Verankerung von Erholungsphasen und Pausenkultur, auch in stressreichen Phasen
- Aufbau von Resilienz durch präventive Maßnahmen wie Achtsamkeitstraining, regelmäßige Supervision und kollegiale Beratung – nicht erst nach belastenden Einsätzen, sondern als fest verankerte präventive Struktur im Alltag

Auch Maschinen und technische Systeme können von Muri betroffen sein. Im Rettungsdienst betrifft dies insbesondere Fahrzeuge und Medizinprodukte. Eine kluge Verteilung von Einsatzfahrzeugen trägt wesentlich dazu bei, Überlastung und Verschleiß zu vermeiden. So kann ein neues Rettungsmittel auf einer Innenstadtwache mit vielen, aber kurzen Einsätzen anders beansprucht werden als auf einer Außenwache mit geringerer Einsatzzahl, aber hoher Kilometerleistung. Auch bei älteren Fahrzeugen stellt sich die Frage, wie diese sinnvoll eingesetzt werden können, um die verbleibende Lebensdauer zu verlängern. Vergleichbares gilt für Medizintechnik, die regelmäßig gewartet und im Idealfall ebenfalls ausgeglichen eingesetzt werden sollte. Eine vorausschauende Einsatzplanung erhöht hier nicht nur die Lebensdauer, sondern auch die Ausfallsicherheit.

Fazit Das Denken in den Drei Mu sensibilisiert für grundlegende Schwachstellen, die nicht immer offensichtlich sind. Die drei Begriffe hängen eng zusammen: Mura und Muri führen oft zu Muda, also zu Verschwendung. Muda und Mura führen häufig zu Muri, also zur Überlastung und so weiter. Wer also dauerhaft effizient arbeiten will, muss nicht nur Verschwendung reduzieren, sondern auch für ausgeglichene Prozesse und realistische Belastungsgrenzen sorgen.

▶ In den folgenden Kapiteln werden verschiedene Kaizen-Methoden vorgestellt, die genau hier ansetzen. Der Gemba Walk Abschn. 4.6 hilft dabei, Muri und Mura im Alltag sichtbar zu machen. Die 5S-Methode Abschn. 4.1 strukturiert Arbeitsumgebungen so, dass Muda reduziert wird. Und Werkzeuge wie der A3-Report Abschn. 4.2 ermöglichen es, ausgehend von konkreten Problemen gezielt an den Ursachen der Drei Mu zu arbeiten.

Die Drei-Mu-Philosophie bietet damit einen kompakten, aber äußerst wirksamen Denkrahmen, um Prozesse im Rettungsdienst zu hinterfragen, gemeinsam mit dem Team zu analysieren und langfristig zu verbessern.

2.4 Kaizen als Führungsaufgabe

Die erfolgreiche Umsetzung von Kaizen in einer Organisation ist untrennbar mit der Rolle der Führung verbunden. Kaizen kann nur dann nachhaltig etabliert werden, wenn die Führungskräfte als Vorbilder agieren, den kontinuierlichen Verbesserungsprozess aktiv unterstützen und den Mitarbeitenden die notwendige Rückendeckung bieten.

Kaizen versteht sich nicht als zusätzliche Aufgabe im Führungsalltag, sondern als integraler Bestandteil der Führungsrolle. Die kontinuierliche Verbesserung muss von den Führungskräften gelebt und gefordert werden, um im Arbeitsalltag überhaupt Akzeptanz zu finden.

Führung als Vorbild Führungskräfte, die Kaizen aktiv vorleben, schaffen ein Umfeld, in dem Mitarbeitende sich trauen, Verbesserungsmöglichkeiten offen anzusprechen und auszuprobieren. Kaizen erfordert eine Führungskultur, die Mut zur Offenheit, Fehlertoleranz und Wertschätzung fördert. Kaizen begreift die Suche nach Fehlern als Lernchance und nicht als Schuldzuweisung. Die Frage „Was ist falsch?" ersetzt im Kaizen die Frage „Wer ist schuld?". Führungskräfte sind gefordert, dieses Denken aktiv zu verankern.

Mitarbeitende befähigen und beteiligen Ein zentrales Prinzip von Kaizen ist die Einbindung aller Mitarbeitenden in den Verbesserungsprozess. Führungskräfte schaffen dafür geeignete Rahmenbedingungen, in denen Mitarbeitende ihre Ideen einbringen können (Imai, 1992, S. 29). Hierzu gehören zum Beispiel regelmäßige Kaizen-Meetings, die Bereitstellung von Ressourcen für Verbesserungsprojekte sowie die Unterstützung bei der Umsetzung.

Kaizen verlangt von Führungskräften, Verantwortung zu übertragen, Entscheidungen im Team zuzulassen und Fehler als notwendige Schritte im Verbesserungsprozess zu akzeptieren. Mitarbeitende sollen befähigt werden, selbständig kleine Veränderungen vorzunehmen, ohne auf explizite Anweisungen der Führung zu warten.

Kaizen erfordert Coaching und Unterstützung Führung im Kaizen-Verständnis bedeutet nicht Kontrolle, sondern Unterstützung. Führungskräfte übernehmen die Rolle von Coaches, die Mitarbeitende zur Problemerkennung und Problemlösung befähigen. Imai (1997, S. 32) beschreibt, dass erfolgreiche Kaizen-Führung auf die Stärkung der Problemlösungskompetenz der Mitarbeitenden abzielt. Dies setzt voraus, dass Führungskräfte aktiv vor Ort sind und im „Gemba" - dem Ort des Geschehens – Gespräche führen und Prozesse beobachten (Helmold, 2023, S. 74–75).

Die Führungskraft als Coach sorgt dafür, dass Hindernisse beseitigt werden, Ressourcen zur Verfügung stehen und Mitarbeitende sich ernst genommen fühlen. Damit wird Kaizen zur gemeinsamen Aufgabe, bei der Führung und Team partnerschaftlich zusammenarbeiten.

Nachhaltigkeit durch Führung sichern Die nachhaltige Verankerung von Kaizen erfordert Durchhaltevermögen, Konsequenz und Überzeugung. Führungskräfte sind gefordert, den Kaizen-Gedanken kontinuierlich im Arbeitsalltag zu thematisieren, Erfolge sichtbar zu machen und kleine Schritte zu würdigen. Regelmäßige Reflexionen, Gemba Walks und Feedback-Schleifen sind wichtige Instrumente, um den Verbesserungsprozess lebendig zu halten.

Literatur

Berger, A. (1997). Continuous improvement and kaizen: Standardization and organizational designs. *Integrated Manufacturing Systems, 8*(2), 110–117. https://doi.org/10.1108/09576069710165792

Helmold, M. (2023). *Lean management und kaizen*. Grundlagen aus Fällen und Beispielen in Operations und Supply Chain Management. Springer. https://doi.org/10.1007/978-3-031-19692-8

Imai, M. (1992). *Kaizen. Der Schlüssel zum Erfolg der Japaner im Wettbewerb* (2. Aufl.). Müller/Herbig.

Imai, M. (1997). *Gemba kaizen. Permanente Qualitätsverbesserung, Zeitersparnis und Kostensenkung am Arbeitsplatz.* Wirtschaftsverlag Langen Müller/Herbig.

Kaizen Institute. (2025a). Über uns. https://kaizen.com/de/uber-uns/. Zugegriffen: 12. Mai 2025.

Kaizen Institute. (2025b). Beherrschung von Kaizen und Lean Management zur Erreichung operativer Exzellenz. https://kaizen.com/de/einblicke/kaizen-lean-operative-exzellez/. Zugegriffen: 12. Juli 2025.

Ohno, T. (2013). *Das Toyota-Produktionssystem.* 3. erweiterte und aktualisierte Auflage, Campus Verlag, Frankfurt/New York.

Kaizen im Kontext Rettungsdienst

3

Zusammenfassung

Kaizen bietet für den Rettungsdienst großes Potenzial, wenn die Philosophie gezielt an die besonderen Abläufe und Herausforderungen angepasst wird. Die kontinuierliche Verbesserung von Prozessen kann die Qualität der Patientenversorgung steigern und die Mitarbeitenden aktiv einbinden. Erfahrungen aus Lean Hospital-Projekten zeigen, dass Lean-Ansätze im Gesundheitswesen erfolgreich sind und sich auch im Rettungsdienst anwenden lassen. Im Fokus stehen die Vermeidung von Verschwendung, reibungslose Abläufe, faire Arbeitsbelastung und klare Standards. Besonders wichtig ist die Beteiligung der Mitarbeitenden, da sie die besten Ideen für praktische Verbesserungen liefern.

3.1 Die Übertragbarkeit von Kaizen auf den Rettungsdienst

▶ Die Übertragung von Kaizen auf den Rettungsdienst ist grundsätzlich gut möglich und vielversprechend. Rettungsdienste sind Organisationen mit wiederkehrenden Abläufen, standardisierbaren Prozessen und gleichzeitig hoher Dynamik im Einsatzalltag. Genau hier setzt Kaizen an: Die kontinuierliche Verbesserung von Prozessen und Strukturen kann helfen, die Effizienz

D. Heine, *Kaizen im Rettungsdienst*,
https://doi.org/10.1007/978-3-658-50779-4_3

zu steigern, Ressourcen gezielt einzusetzen und gleichzeitig die Qualität der Patientenversorgung zu erhöhen.

Wichtig ist, dass Kaizen nicht eins zu eins aus der Industrie übernommen werden kann, sondern an die spezifischen Anforderungen des Rettungsdienstes angepasst werden muss. Dazu zählen insbesondere die Einsatzzeiten, die Zusammenarbeit mit Leitstellen und Kliniken sowie die besonderen Belastungen der Mitarbeitenden durch Schichtdienste, Einsatzaufkommen und der grundsätzlichen Art der Tätigkeit die sich permanent zwischen Einsätzen und dem Alltag auf der Rettungswache auszeichnet. Kaizen bietet hier die Chance, den Fokus stärker auf die praktischen Abläufe und die Prozessqualität im Einsatz- und Rettungswachenalltag zu lenken.

Kaizen kann dabei auch den Teamzusammenhalt stärken und die Mitarbeiterzufriedenheit erhöhen. Durch die aktive Einbindung der Mitarbeitenden können Entscheidungsprozesse näher an die Praxis herangeführt und Optimierungspotenziale schneller erkannt werden. Der Fokus auf kontinuierliche Verbesserungen im direkten Arbeitsumfeld wirkt sich dabei positiv auf die Motivation und das Engagement der Mitarbeitenden aus.

3.2 Lernen vom Lean Hospital – Brücke zum Rettungsdienst

Ein hilfreiches Praxisbeispiel für die erfolgreiche Adaption von Lean- und Kaizen-Prinzipien im Gesundheitswesen ist das Konzept des Lean Hospital. Die Lean-Philosophie wurde erfolgreich auf Krankenhäuser übertragen, um über optimierte Prozesse eine höhere Behandlungsqualität und eine Reduzierung von Verschwendung zu erreichen. Dabei steht der Patient als „Kunde“ im Mittelpunkt aller Prozesse (Walker, 2021).

Im Lean Hospital wird die kontinuierliche Verbesserung gezielt in den Klinikalltag integriert. Erfolgsbeispiele wie das Virginia Mason Medical Center in Seattle (Angerer, 2015, S. 49–51) zeigen, dass Lean-Ansätze auch in komplexen, gewachsenen Strukturen des Gesundheitswesens greifen und Qualität sowie Wirtschaftlichkeit nachhaltig verbessern können. Die Einbindung der Mitarbeitenden, die konsequente Ausrichtung auf den Patientenfluss und die Reduktion von Wartezeiten sind Prinzipien, die auch im Rettungsdienst enorme Wirkung entfalten können (Liberatore & Vetterli, 2018, S. 4).

Im Lean Hospital werden Elemente wie die **Eliminierung von Verschwendung, fließende Prozesse, ausgeglichene Belastungen, Standardisierung** und

kontinuierliche Verbesserung systematisch umgesetzt. Diese Prinzipien lassen sich sinnvoll auf den Rettungsdienst übertragen.

Beispiele für die Eliminierung von Verschwendung im Rettungsdienst sind die Vermeidung unnötiger Wege bei der Fahrzeugbestückung, die Reduktion von doppelten Dokumentationsprozessen sowie das gezielte Vorhalten von Verbrauchsmaterialien an zentralen Punkten. Fließende Prozesse können durch optimierte Schichtübergaben, standardisierte Fahrzeugchecklisten und reibungslose Materialnachfüllsysteme gefördert werden.

Eine **ausgeglichene Belastung** lässt sich etwa durch eine gerechte Dienstplanung, das frühzeitige Erkennen von Belastungsspitzen und eine gleichmäßige Verteilung von Sonderaufgaben erreichen. Standardisierung kann im Rettungsdienst durch einheitliche Fahrzeugausstattung, abgestimmte SOPs (Standardarbeitsanweisungen) und einheitliche Übergaben mit den am häufigsten angefahrenen Kliniken unterstützt werden.[1]

Die **kontinuierliche Verbesserung** zeigt sich beispielsweise in regelmäßigen Feedbackrunden nach Einsätzen, strukturierten Nachbesprechungen, sowie in der gezielten Sammlung und Bearbeitung von Verbesserungsvorschlägen aus dem Team. Auch die Nutzung und Analyse der CIRS Systeme aus verschiedenen Bundesländern. Exemplarisch sei hier das CIRS Bayern für den Bereich der präklinischen Notfallmedizin genannt (CIRS Bayern, 2025).

Eine weitere zentrale Erkenntnis aus dem Lean Hospital ist die Bedeutung der Führung als Dienstleistung für das Team. Führung wird hier als tägliche Begleitung der Mitarbeitenden verstanden, um Hindernisse zu beseitigen und Verbesserungen zu ermöglichen. Dieses Verständnis von Führung ist auch für den Rettungsdienst relevant, da nur so kontinuierliche Verbesserungsprozesse nachhaltig verankert werden können.

Das Lean Hospital-Konzept sieht zudem vor, durch Taktzeiten, One-Piece-Flow und nachfragengesteuerte Prozesse einen kontinuierlichen Fluss der Leistungen zu schaffen. Im Rettungsdienst bedeutet dies, die Abläufe so zu gestalten, dass die richtigen Leistungen zur richtigen Zeit am richtigen Ort erbracht werden – von der

[1] Einheitliche Übergaben sollten idealerweise mit den Kliniken im eigenen Einzugsgebiet abgestimmt und einheitlich gestaltet werden. Ein bundesweiter Standard wäre wünschenswert, ist in Deutschland jedoch bislang nicht etabliert. Vielerorts existieren unterschiedliche Übergabemodelle oder gar keine formalen Standards. Hier sind insbesondere die ärztlichen Leiter Rettungsdienst als Schnittstelle zwischen Klinik und Rettungsdienst gefordert, gemeinsam mit den beteiligten Einrichtungen ein einheitliches Übergabemodell zu entwickeln. Dieses Modell sollte allen Mitarbeitenden, einschließlich zeitweise eingesetzter Kräfte wie Notärzten oder NFS auf Honorarbasis, transparent kommuniziert werden, um eine nachhaltige Anwendung sicherzustellen.

Fahrzeugbestückung über die gezielte Mitnahme von Gerätschaften bis hin zur lückenlosen Dokumentation und strukturierten Patientenübergabe.

Wichtige Werkzeuge wie die 5S-Methode, die 5-Why-Analyse, Wertstromanalysen oder das Spaghetti-Diagramm werden im Lean Hospital genutzt, um Verschwendungen zu identifizieren und Prozesse zu optimieren. Diese Methoden eignen sich auch für den Rettungsdienst, beispielsweise zur Optimierung von Laufwegen auf der Wache oder zur Analyse von Verzögerungen im Einsatzablauf. Die detaillierte Beschreibung dieser und vieler weiterer Werkzeuge erfolgt im nächsten Kapitel.

3.3 Die Rolle der Mitarbeitenden im Kaizen-Prozess

Die aktive Einbindung der Mitarbeitenden ist ein zentraler Erfolgsfaktor. Im Rettungsdienst besitzen Mitarbeitende oft ein sehr genaues Wissen über Schwachstellen in Prozessen und potenzielle Verbesserungsmöglichkeiten. Kaizen ermutigt, dieses Wissen zu nutzen und die Mitarbeitenden zu befähigen, eigenständig Veränderungen anzustoßen.

Die Umsetzung von Kaizen im Rettungsdienst erfordert daher eine Kultur, in der Ideen wertgeschätzt, kleine Verbesserungen anerkannt und Eigeninitiative gefördert werden. Führungskräfte müssen diese Offenheit aktiv vorleben und Räume für Mitarbeitende schaffen, in denen Verbesserungsvorschläge sicher eingebracht und ausprobiert werden können.

Um genau diesen Ansatz zu fördern, wurde das Modell des EMS Field Observer entwickelt. In diesem Konzept erhalten Mitarbeitende und Führungskräfte im Rettungsdienst einen kompakten Einblick in die Kaizen-Philosophie und deren praktische Bedeutung. In Kombination mit einem praxisorientierten Projekt erwerben die Teilnehmenden die Kompetenz, als Multiplikatoren auf den Rettungswachen zu agieren und Kaizen-Prozesse aktiv zu initiieren und nachhaltig zu begleiten.

Ein zentrales Prinzip des Lean Hospital ist es, dass alle Prozessschritte auf den Patienten ausgerichtet werden. Diese Denkweise kann auch im Rettungsdienst übernommen werden: Alle Verbesserungsbemühungen sollten sich daran orientieren, die Versorgungsqualität und den Patientenfluss zu optimieren. Mitarbeitende im Rettungsdienst können hier aktiv mitgestalten, indem sie Abläufe analysieren und Verbesserungsvorschläge einbringen, die sowohl ihre eigene Arbeit erleichtern, die Wirtschaftlichkeit optimieren als auch dem Patienten zugutekommen.

3.4 Grenzen und Herausforderungen der Übertragbarkeit

Trotz der vielen Parallelen müssen auch die Grenzen der Übertragbarkeit beachtet werden. Rettungsdienste arbeiten häufig unter akutem Zeitdruck und in hochdynamischen Einsatzsituationen. Nicht alle Verbesserungsprozesse lassen sich deshalb in Echtzeit umsetzen. Zudem erfordert die Einführung von Kaizen Zeit, Ressourcen und ein konsequentes Commitment der Führungskräfte.

Auch der Unterschied zwischen regulären Routinetätigkeiten auf der Wache und den unplanbaren Einsatzsituationen muss berücksichtigt werden. Kaizen eignet sich besonders für die Optimierung von standardisierten Prozessen, Übergaben, Materialwirtschaft oder Dienstplänen. Für hochvariable Einsatzsituationen müssen die Methoden entsprechend angepasst werden. Eine Überforderung der Mitarbeitenden durch zusätzliche Bürokratie muss unbedingt vermieden werden.

Erfahrungen aus Lean-Projekten im Krankenhaus zeigen zudem, dass Lean und Kaizen nicht als kurzfristige Projekte verstanden werden dürfen. Die erfolgreiche Umsetzung erfordert eine langfristige Strategie, kontinuierliche Schulungen und eine konsequente Begleitung durch die Führung. Auch im Rettungsdienst ist Geduld notwendig, um die gewünschten Veränderungen nachhaltig zu verankern.

Das folgende Kapitel beschreibt die konkreten Kaizen-Tools im Detail und zeigt, wie diese praxisnah und effektiv im Rettungsdienst eingesetzt werden können, ohne dabei den operativen Alltag zu behindern.

Literatur

Angerer, A. (2015). Die lean-Philosophie in der praxis. In D. Walker (Hrsg.), *Lean hospital – Das Krankenhaus der Zukunft* (S. 49–76). MWV Medizinisch Wissenschaftliche Verlagsgesellschaft.

CIRS Bayern. (2025). cirs.bayern. Fehler- und Risikomanagement in der Notfallmedizin Bayern. https://www.cirs.bayern/. Zugegriffen: 12. Apr. 2025.

Liberatore, F., & Vetterli, C. (2018). Patientenorientierung. In A. Angerer (Hrsg.), *LHT-BOK lean healthcare transformation body of knowledge: Edition 2018–2019*. Winterthur.

Walker, D. (2021). *Lean hospital. Resilienz, Qualität und Wirtschaftlichkeit stärken* (2. Aufl.). MWV Medizinisch Wissenschaftliche Verlagsgesellschaft.

Kaizen Tools und ihre Anwendung im Rettungsdienst

4

Zusammenfassung

Kaizen im Rettungsdienst bedeutet, Verbesserungen systematisch, sichtbar und gemeinsam voranzutreiben. Dieses Kapitel zeigt praxisnahe Methoden, mit denen Teams Abläufe analysieren, Probleme erkennen und nachhaltige Veränderungen umsetzen können. Die vorgestellten Tools – von der 5S-Methode über den A3-Report, die 5-Why-Methode und das Ishikawa-Diagramm bis zu Gemba Walks und dem Kaizen-/KVP-Board – bilden einen vollständigen Verbesserungszyklus ab. Sie schaffen Ordnung, fördern Ursachenverständnis, strukturieren Prozesse und sichern Ergebnisse. Durch praxisnahe Beispiele wird deutlich, wie Kaizen im Rettungsdienst hilft, Effizienz, Sicherheit und Teamkultur Schritt für Schritt zu stärken und eine Haltung kontinuierlicher Weiterentwicklung zu etablieren.

Die erfolgreiche Umsetzung von Kaizen im Rettungsdienst lebt von der Anwendung bewährter Werkzeuge und Methoden. Diese sogenannten Kaizen-Tools unterstützen Teams dabei, Abläufe zu hinterfragen, Verschwendung zu identifizieren, Prozesse zu verbessern und nachhaltige Veränderungen zu etablieren. Dabei ist die Auswahl der richtigen Methode ebenso entscheidend wie deren konsequente und praxisnahe Anwendung.

Die in diesem Kapitel vorgestellten Tools sind so vielfältig wie die Herausforderungen des Rettungsdienstes selbst. Einige der Methoden sind darauf ausgerichtet, zunächst Ordnung und Struktur zu schaffen. Andere helfen dabei, die Ursachen von Problemen systematisch zu analysieren, Verbesserungsmaßnahmen

D. Heine, *Kaizen im Rettungsdienst*,
https://doi.org/10.1007/978-3-658-50779-4_4

zu entwickeln oder Erfolge sichtbar zu machen. Die Anwendungstiefe variiert dabei: Während einige Tools niederschwellig und intuitiv eingesetzt werden können, erfordern andere ein systematisches Vorgehen und methodische Schulung.

Um den Zugang zu erleichtern, ist dieses Kapitel bewusst so aufgebaut, dass es den **typischen Ablauf eines kontinuierlichen Verbesserungsprozesses** abbildet:

Zunächst werden Methoden vorgestellt, die als Einstieg in Kaizen leicht umsetzbar sind und unmittelbar sichtbare Erfolge schaffen. Darauf folgen Tools zur Problemanalyse und schließlich Werkzeuge zur Prozessoptimierung, Standardisierung und nachhaltigen Verankerung von Verbesserungen.

Die folgende Reihenfolge bildet diese Logik ab:

- **5S-Methode:** Schafft Ordnung, Struktur und Übersicht – oft der erste Schritt auf dem Weg zu Kaizen.
- **A3-Report:** Unterstützt die strukturierte Bearbeitung und Visualisierung von Verbesserungsprojekten.
- **5-mal-Warum:** Ein einfaches, aber effektives Tool, um den Ursachen von Problemen auf den Grund zu gehen.
- **Ishikawa-Diagramm:** Vertieft die Ursachenanalyse, indem es komplexe Zusammenhänge grafisch darstellt.
- **Gemba Walks:** Unterstützen dabei, den Arbeitsalltag vor Ort zu verstehen und Verbesserungspotenziale aus der direkten Beobachtung abzuleiten.
- **Kaizen-/KVP-Board:** Dient als zentrales Instrument, um Verbesserungsprozesse im Team sichtbar, nachvollziehbar und dauerhaft lebendig zu halten.

Diese Abfolge ist nicht zwingend, kann aber als Orientierung dienen, wie Kaizen im Rettungsdienst Schritt für Schritt etabliert werden kann: von der ersten Aufräumaktion bis zur langfristigen Verankerung eines kontinuierlichen Verbesserungsprozesses. **Im Folgenden werden die einzelnen Tools und weitere detailliert vorgestellt und jeweils durch praxisnahe Beispiele aus dem Rettungsdienst ergänzt.**

4.1 5S-Methode

Ordnung ist der erste Schritt zur Verbesserung.

4.1.1 Einordnung und Bedeutung der 5S-Methode im Rettungsdienst

Die 5S-Methode ist im Kaizen-Kontext eines der mächtigsten und gleichzeitig niedrigschwelligsten Werkzeuge, um sichtbare Verbesserungen im Arbeitsalltag zu schaffen. Ursprünglich aus dem Toyota-Produktionssystem hervorgegangen, unterstützt die Methode dabei, Ordnung, Sauberkeit und Standards zu etablieren. Sie hilft dabei, **Reibungsverluste zu minimieren, Suchzeiten zu verkürzen** und **Sicherheitsrisiken zu reduzieren.** (Hirano, 1996, S. 12)

Übersicht

Ein besonderer Stellenwert kommt der Standardisierung in solchen Rettungsdienstbereichen zu, in denen eine Vielzahl an Stellplätzen, Rettungswachen und Fahrzeugen unterschiedlicher Hersteller, Ausstattungsjahre oder Ausbauvarianten im Einsatz ist. Hier zeigt sich deutlich, dass im Rettungsdienst nicht alles gleich ist. Unterschiedliche Schrankanordnungen, variierende Fächerverteilungen oder fortlaufende Optimierungen bei Neubeschaffungen erschweren eine einheitliche Orientierung.

Auch die Rettungswachen selbst sind in aller Regel komplett unterschiedlich gebaut, sei es durch historische Entwicklungen, bauliche Gegebenheiten, die Größe der Wachen oder kommunale Besonderheiten. Kaum ein Rettungsdienst verfügt über einheitlich strukturierte Wachen, umso wertvoller ist es, **eine einheitliche Logik innerhalb der Wache zu etablieren:** Wo sich welche Funktionsbereiche befinden, wie Lagerflächen organisiert sind oder wie Materialflüsse gestaltet werden. Wo findet man Informationen und wie werden Dokumente abgelegt? Im Alltag einer Rettungswache gibt es viele Aspekte die von der 5S-Methode profitieren.

Unter diesen Voraussetzungen wird Standardisierung zur tragenden Säule für Sicherheit, Effizienz und Qualität. Einheitliche Lagerlogik, Beschriftungssysteme und visuelle Orientierungshilfen wie gut lesbare Schlüsselwörter, Farbcodierungen und Symbole schaffen eine gemeinsame Denkweise, unabhängig davon, an welchem Standort oder auf welchem Fahrzeug man sich gerade befindet. Nummerierungen von Schränken und Schubladen, ergänzt durch klar beschriftete Inhalte, ermöglichen es, dass Mitarbeitende intuitiv wissen, was sich wo befindet. So wird beispielsweise der Wechsel auf ein benachbartes NEF oder ein RTW mit abweichendem Ausbau deutlich erleichtert.

Dies ist insbesondere von Bedeutung für:

- Neue Mitarbeitende, die sich im System noch zurechtfinden müssen,
- Auszubildende, die Routine durch Wiederholung erlernen,
- Springerkräfte, die zwischen Wachen und Fahrzeugtypen wechseln,
- Zeitarbeitskräfte, die punktuell eingesetzt werden,
- Selten eingesetzte Kräfte, wie beispielsweise ehrenamtliche Helfer
- sowie fremde Einsatzkräfte (z. B. Feuerwehr, überörtliche Hilfe etc.), die im Einsatz auf Material zugreifen müssen.

Standardisierung in einem vielgestaltigen Rettungsdienst ist kein Widerspruch, sie ist die Brücke, die Vielfalt handhabbar und Qualität reproduzierbar macht.

Die Anwendung der 5S-Methode ist im Rettungsdienst in verschiedenen Bereichen von besonderem Nutzen:

- **Lagerlogistik:** In Hauptlagern, Zwischenlagern oder Lagerbereichen auf einzelnen Rettungswachen herrscht häufig Unübersichtlichkeit. Materialien werden teilweise in großen Mengen angeschafft, ohne klare Systematik verlastet oder ohne regelmäßige Bestandsprüfung gelagert. Die 5S-Methode schafft hier eine systematische Ordnung, die den Zugriff beschleunigt und Fehlbestände sichtbar macht. Sie kann helfen, diese Lagerorte aufeinander abzustimmen, Materialflüsse zu optimieren und unnötige Wege zu vermeiden.

- **Gestaltung von Rettungsmitteln:** Die Ausstattung von Rettungswagen, Notarzteinsatzfahrzeugen oder Krankentransportwagen ist häufig uneinheitlich. Unterschiedliche Verlastungskonzepte, inkonsistente Lagerorte und nicht standardisierte Materialmengen *(sie sind zwar standardisiert, es wird sich nur häufig beim Auffüllen nicht an die vorgegebenen Mengen gehalten)* erschweren den Einsatzablauf, insbesondere wenn Personal auf verschiedenen Fahrzeugen eingesetzt wird. Die 5S-Methode unterstützt dabei, Rettungsmittel standardisiert, ergonomisch und logisch zu organisieren. So können auch die Notfallsanitäterinnen und Notfallsanitäter der NEF auf allen Rettungsmitteln die nicht zum eigenen Stammfuhrpark gehören gut unterstützen

- **Dokumentenlenkung:** Im Rettungsdienst existieren zahlreiche Dienstanweisungen, Checklisten, SOPs, Protokolle und interne Vorgaben. Häufig sind diese Dokumente veraltet, in mehreren Versionen abgelegt, schwer auffindbar oder unübersichtlich abgelegt. Die 5S-Methode kann hier genutzt werden, um ein transparentes und aktuelles Dokumentenmanagement zu etablieren. Durch systematisches Sortieren, Entfernen überholter Dokumente und die Schaffung standardisierter Ablagestrukturen wird die Aktualität und Zugänglichkeit sichergestellt.

Diese Anwendungsbeispiele zeigen, dass die 5S-Methode im Rettungsdienst weit über das klassische „Aufräumen" hinausgeht. Sie unterstützt die Sicherheit, fördert die Prozessqualität und schafft die Grundlage für effizientere Arbeitsabläufe.

Im Folgenden wird die Methode detailliert beschrieben und um praxisnahe Werkzeuge wie die Red-Dot-Methode, Farbcodierungen und Shadow-Boards ergänzt.

Praxistipp Akzeptanz

Ein besonders praxisnaher Tipp für den Rettungsdienst ergibt sich aus einer auch von mir häufig beobachteten Verhaltensweise beim morgendlichen Fahrzeugcheck:

Einige Mitarbeitende neigen dazu, mehr Material auf den Fahrzeugen zu verstauen als laut Vorgaben vorgesehen ist. Typische Beispiele sind zusätzliche Venenverweilkanülen oder Infusionslösungen, die über die festgelegte Bestückung hinaus ergänzt werden. Die Intention dahinter ist meist das Sicherheitsbedürfnis oder der Wunsch, seltener auffüllen zu müssen. Dies führt jedoch häufig zu Frustration bei den Kolleginnen und Kollegen, die sich an die Vorgaben halten und am Folgetag ein überfülltes Fahrzeug vorfinden.

Ein erprobter Lösungsansatz in diesem Kontext ist die Schaffung einer kleinen Notfallreserve, die – unabhängig von der regulären Fahrzeugbestückung – in der Fahrerkabine oder in einem leicht zugänglichen Außenfach in einer Tasche verstaut wird. Diese Reservetasche enthält eine bewusst begrenzte Anzahl von Reserveartikeln, die über den regulären Bestand hinausgehen. Wichtig ist dabei die klare Kommunikation, dass diese Reserve nur in absoluten Ausnahmefällen genutzt werden soll.

Der Hauptzweck besteht darin, den Mitarbeitenden in der Übergangsphase nach einer Materialreduktion Sicherheit zu geben. Die Erfahrung zeigt, dass die meisten Mitarbeiter:innen feststellen, dass diese Reserven im Alltag nicht benötigt werden. Dies fördert langfristig die Akzeptanz der angepassten Bestückung und trägt dazu bei, dass sich die neuen Standards nachhaltig etablieren. **Die Reservetasche kann meist im Einvernehmen nach wenigen Wochen entfernt werden.**

4.1.2 Die fünf Schritte der 5S-Methode im Detail

Seiri (Sortieren) Der erste Schritt des 5S-Prozesses beginnt mit dem konsequenten Sortieren. **Ziel ist es, alle überflüssigen Gegenstände, Materialien und Dokumente zu identifizieren und aus dem unmittelbaren Arbeitsbereich zu entfernen oder die Menge zu reduzieren.** Im Rettungsdienst betrifft dies insbesondere die Lagerbereiche, Fahrzeugbestückungen, Büroausstattung, Übungsmaterialien für die Ausbildung und auch das umfangreiche Dokumentenwesen. Wie viele Zugänge werden wirklich im Notfallrucksack und in den Schubladen der Fahrzeuge benötigt? Quillt das Wärmefach wieder über, weil Kolleg:innen es mit der Anzahl der Infusionen zu gut meinen?

Häufig lagern auf den Fahrzeugen besondere Ausrüstungsgegenstände, die einmal angeschafft, jedoch nie wirklich verwendet werden und auch in keiner Norm etc. vorgegeben sind. In Lagern befinden sich unnötige Ersatzteile oder Materialien, die seit Monaten nicht mehr benutzt wurden. Das Sortieren hilft, diese Bestände zu sichten, zu hinterfragen und gezielt zu reduzieren oder gar zu entfernen.

Ein bewährtes Instrument ist hierbei die **Red-Dot-Methode,** bei der überflüssige oder selten genutzte Materialien mit roten Markierungspunkten versehen werden. Diese Materialien werden in einer sogenannten „Red-Tag-Area" zwischengelagert, um zu beobachten, ob sie innerhalb eines definierten Zeitraums tatsächlich benötigt werden. Bleiben sie ungenutzt, erfolgt die endgültige Entfernung (siehe Infokasten).

Die Mitarbeitenden sollten bei diesem Prozess aktiv eingebunden werden, da sie am besten beurteilen können, welche Materialien regelmäßig gebraucht werden und welche lediglich Platz blockieren. Hier ist eine offene Kommunikation wichtig, um Sicherheitsbedenken ernst zu nehmen und Akzeptanz für die Reduktion zu schaffen. So kann das Sortieren im Lager oder im Ausbildungsbereich wahre Platzreserven schaffen, die Übersichtlichkeit deutlich erhöhen und zu Zeiteinsparungen durch schnelleres finden der Materialien führen.

Red-Dot-Methode: einfach markieren statt diskutieren

Die Red-Dot-Methode ist ein praxisbewährtes Werkzeug innerhalb des ersten 5S-Schritts Seiri (Sortieren). Sie dient der **visuellen Kennzeichnung von Gegenständen,** deren Nutzen unklar ist, etwa, weil sie selten verwendet werden oder im Team unterschiedliche Einschätzungen zur Notwendigkeit bestehen.

Wichtig:

Gegenstände, die offensichtlich defekt, abgelaufen oder eindeutig überflüssig sind, werden nicht mit einem roten Punkt markiert, sondern direkt entfernt oder gemäß geltender Vorgaben entsorgt. Die Red-Dot-Methode ist ausschließlich für solche Dinge gedacht, bei denen Unsicherheit besteht oder eine Entscheidung im Team abgestimmt werden soll.

Ziel:

- Klare Unterscheidung: Was bleibt, was kommt weg, was wird beobachtet?
- Visuelle Struktur ohne vorschnelle Entscheidungen
- Transparenz und Beteiligung im Sortierprozess

Beispiel Red-Dot im Büromaterialschrank

Im Büro sammeln sich über die Jahre Locher, Tacker, Etikettierer, Etikettenrollen, Wandkalender, nicht kompatible Druckerpatronen und diverse Mappen an. Einige Gegenstände sind mehrfach vorhanden oder wurden seit Monaten nicht mehr verwendet.

Vorgehen:

- Eindeutig überflüssige oder defekte Dinge (leere Batterien, veraltete Formulare) werden sofort entsorgt.
- Unklare oder doppelte Artikel → roter Punkt.
- Markierte Artikel bleiben 30 Tage sichtbar im Schrank.
- Wird ein Artikel in dieser Zeit genutzt, → Punkt entfernen.
- Nach Ablauf: Teamentscheidung über verbleibende markierte Objekte.

Die folgende Tabelle bietet einen ersten Überblick zu typischen Anwendungsfeldern von Seiri.

Bereich	Beispiele für Überflüssiges	Risiko/Nachteil	Seiri-Maßnahme
RTW-Innenraum	Zusätzliche, nicht standardisierte Materialien (z. B. extra Infusionen, Zugangssets, Verbandmittel)	Erhöhter Auffüllaufwand, Platzmangel, Materialverfall, schlechtere Übersicht	Entnahme, Rückführung ins Lager, standardisierte Verladung
Lager	Altbestände, doppelte Artikel, abgelaufene oder ungenutzte Geräte	Lagerüberfüllung, fehlende Übersicht, Fehlverwendung	Aussonderung, Rückgabe, ggf. Spenden oder Sondernutzung
Zwischenlager/ dezentrale Lagerräume	Unklarer Bestand, Einzelteile ohne Verpackung, Material ohne Rotation	Fehlende Nachverfolgung, unkontrollierter Verfall, Doppelbestellungen	Rückführung ins Hauptlager, Kennzeichnung, klar definierte Verantwortung
Notfallrucksäcke	Mischbestückung, Zusatzausrüstung, Überfüllung	Verwirrung bei wechselnden Teams, höheres Gewicht, schlechte Übersichtlichkeit	Nur standardisierte Inhalte beibehalten
Dokumentenmanagement	Veraltete Dienstanweisungen, doppelte Ausdrucke	Unsicherheit, Fehler durch alte Versionen	Aktuelle Dokumente behalten, Altbestände löschen, markieren oder archivieren
Büromaterialien	Unbenutzte Ordner, veraltete Formulare, leere Batterien, doppelte Schreibwaren, einfach zu viel (hier findet man einiges in Schreibtischen und Schränken)	Unübersichtlichkeit, Zeitverlust, Fehlkäufe	Entsorgen, Zusammenlegen, systematische Ordnung schaffen

Quelle: Eigene Erstellung

Vorgehen: Der strukturierte Sortierprozess

1. **Alle Gegenstände erfassen:** Inventur im Kleinen, systematische Durchsicht aller Schränke, Schubladen, Taschen, Ablagen.
2. **Bewerten:** Ist dieses Objekt notwendig für den Alltag? Wird es wirklich regelmäßig gebraucht?

3. **Kennzeichnen mit der Red-Dot-Methode:** Alles, was unklar ist oder selten genutzt wird, erhält eine rote Markierung (siehe Infokasten).
4. **Red-Tag-Bereich einrichten:** Ggf. temporärer Lagerbereich für aussortierte, aber noch nicht entsorgte Gegenstände.
5. **Beobachtungszeitraum (z. B. 30 Tage):** Wird das Material nicht benötigt, wird es endgültig entfernt oder weiterverwendet.
6. **Teamentscheidung:** Gemeinsam klären, was weg kann und was bleibt, idealerweise in einer kurzen Teamsitzung.
7. **Dokumentation:** Was wurde entfernt? Welche Standards wurden angepasst? Visualisierung für Transparenz.

▶ **Besondere Hinweise für die Praxis**

- Psychologische Hürde beachten: Viele Mitarbeitende behalten lieber zu viel als zu wenig („Man könnte es ja mal brauchen"). Hier hilft Transparenz, z. B. durch klar kommunizierte Rücklagerungsmöglichkeiten oder eine temporäre Sicherheitszone.
- Kommunikation ist entscheidend: Besonders bei persönlichen Ausstattungen oder individuellen Ergänzungen (z. B. eigene Scheren, Marker etc.) ist Fingerspitzengefühl gefragt.
- Sicherheitsaspekt beachten: Weniger Material bedeutet nicht weniger Sicherheit, im Gegenteil: Klarheit schafft Handlungssicherheit.

Reflexionsfragen für den Seiri-Prozess im Team

- Welche Gegenstände nutzen wir wirklich regelmäßig?
- Gibt es Materialien, die wir seit Wochen oder Monaten nicht angefasst haben?
- Wodurch entstehen in der täglichen Arbeit Suchzeiten oder Unklarheiten?
- Gibt es redundante Bestände oder alte Versionen von Dokumenten, die uns irritieren?
- Haben alle im Team das gleiche Verständnis von „notwendig"?

Seiton (Systematisches Anordnen) Nach dem Aussortieren folgt das systematische Anordnen der verbliebenen Materialien. Der freigewordene Platz wird gut genutzt. Die häufig verwendeten Gegenstände werden ergonomisch günstig, gut sichtbar und jederzeit griffbereit positioniert. Schwere Sachen nach unten, leichte nach oben. Im Rettungsdienst bedeutet das beispielsweise, dass Materialien in einer standardisierten Anordnung verlastet werden, um eine schnelle Entnahme zu gewährleisten.

▶ *Jeder kennt die Modultaschen, welche beispielsweise mit einem kompletten Set zum Zugang legen bestückt sind. Nutzen Sie eine solch logische Anordnung auch in Ihrem Lager?*

Die Anordnung folgt dabei dem Prinzip „Was häufig genutzt wird, muss am besten zugänglich sein". Selten benötigte Materialien dürfen weiter hinten oder unten gelagert werden. Unterstützend wirken Farbcodierungen und oder Symbole, die bestimmte Schubladen, Taschen oder Materialgruppen klar kennzeichnen, sowie **Shadow-Boards,** die die exakte Position von Werkzeugen oder Geräten vorgeben. Diese visuellen Hilfsmittel erleichtern die tägliche Kontrolle, helfen, Materialverluste sofort zu erkennen, und unterstützen die Einhaltung der Standards.

Übersicht

Shadow-Boards, im Rettungsdienst häufig als Materialschablonen bekannt, dienen der standardisierten Darstellung und Anordnung von Ausrüstungsgegenständen.

Ein typisches Beispiel ist die Schablone für eine Intubationsnarkose: Hier sind sämtliche benötigten Materialien, vom Laryngoskop über Endotrachealtuben bis hin zur Blockerspritze grafisch vorgegeben. Im Einsatzfall werden die Utensilien exakt auf der Schablone platziert oder entnommen. So wird sichergestellt, dass kein Material vergessen wird und die Vollständigkeit auf einen Blick überprüfbar ist. Ideal für neue Mitarbeitende und Rettungsfachpersonal das nur selten in Notfalleinsätzen sind (N-KTW, Ehrenamtliche Helfer:innen, Feuerwehrkräfte etc.).

Diese Methode lässt sich auch hervorragend auf andere Bereiche übertragen: **In Werkstätten** wird beispielsweise schnell ersichtlich, wenn ein Werkzeug an der Wand fehlt, auch dort kommen Shadow-Boards seit Jahrzehnten erfolgreich zum Einsatz. Ebenso können **Lagerräume** im Rettungsdienst so gestaltet werden, dass jede Materialgruppe ihren festen, visuell markierten Platz erhält. Selbst im **Putzmittelraum** kommen heute standardisierte Schablonen zum Einsatz, die kennzeichnen, wo ein Staubsauger, ein Kehrblech oder Reinigungszubehör gelagert werden soll.

Das Prinzip bleibt stets dasselbe: Auf einen Blick ist erkennbar, ob alle benötigten Gegenstände vorhanden und an ihrem vorgesehenen Platz sind. Diese visuelle Ordnung erhöht nicht nur die Effizienz, sondern senkt auch das Risiko, in Stresssituationen entscheidende Dinge zu übersehen.

Ein weiterer bewährter Ansatz ist die Erstellung von **fotobasierten Verlastungsplänen,** die direkt in den Schränken und Schubladen in den Rettungsmitteln sichtbar angebracht werden. Diese Pläne bieten insbesondere neuen Teammitgliedern eine wichtige Orientierungshilfe: Sie zeigen auf einen Blick, wo sich welches Material befindet, beschleunigen den Fahrzeugcheck und reduzieren die Wahrscheinlichkeit von Fehlern.

Dabei ist zu beachten, dass im Rettungsdienst häufig **verschiedene Ausbautypen und Fahrzeugmodelle im Einsatz** sind, je nach Hersteller, Alter oder Umrüststand unterscheiden sich die Schranksysteme, Fächeranordnungen und Lagerlogiken zum Teil erheblich. Um trotzdem eine einheitliche Orientierung zu ermöglichen, empfiehlt es sich, mit **farblichen Codierungen, eindeutigen Symbolen** oder Icons sowie einer **einheitlichen Nummerierung** der Schränke zu arbeiten. So kann beispielsweise sichergestellt werden, dass Schrank Nummer 1, unabhängig vom konkreten Fahrzeugtyp, immer bestimmte Materialien wie Intubationszubehör oder Tourniquet enthält. Dieses Prinzip schafft eine logische Struktur, die sich über verschiedene Fahrzeugtypen hinweg etablieren lässt und insbesondere bei Vertretungssituationen, Wechselbesatzungen oder im Einsatz mit fremden Kräften die Arbeitsabläufe deutlich erleichtert.

Auch in anderen Bereichen hat sich diese visuelle Systematik bewährt: In Ausbildungslagern hilft sie Auszubildenden, Übungsmaterialien korrekt zurückzulegen; das Lager bleibt strukturiert und einsatzbereit. In Schulungs- und Seminarräumen ermöglichen einfache Fotoübersichten eine klare Darstellung der gewünschten Bestuhlung oder Tischanordnung. Helfende Hände erkennen nach Seminarende sofort, wie der Raum wiederhergestellt werden soll, effizient, fehlerfrei und standardisiert im Sinne von Kaizen.

Abb. 4.1 zeigt ein gut strukturiertes Schranksystem mit nummerierten und klar beschrifteten Schubladen. Durch die Kombination aus sichtbaren Nummern und eindeutigen Beschriftungen erkennt jede Person auf einen Blick, welche Materialien sich in welcher Schublade befinden. **Dies erleichtert nicht nur die Orientierung im Alltag, sondern unterstützt auch das strukturierte Arbeiten mit Checklisten.** Letztere verweisen gezielt auf die jeweilige Schubladennummer und können somit schnell, vollständig und fehlerfrei ausgefüllt werden.

Abb. 4.2 zeigt ein weiteres Schranksystem in einem Rettungswagen. Zwar sind alle Türen und Schubladen eindeutig nummeriert, jedoch fehlt in weiten Teilen eine konkrete Beschriftung der Inhalte. Für neue Teammitglieder oder fahrzeugfremde Besatzungen kann dies die Orientierung unter Zeitdruck erschweren und zu Stress und Zeitverlust führen. **Eine klare Beschriftung der Schubladeninhalte sowie ergänzende visuelle Elemente wie Farbcodes oder gut erkennbare**

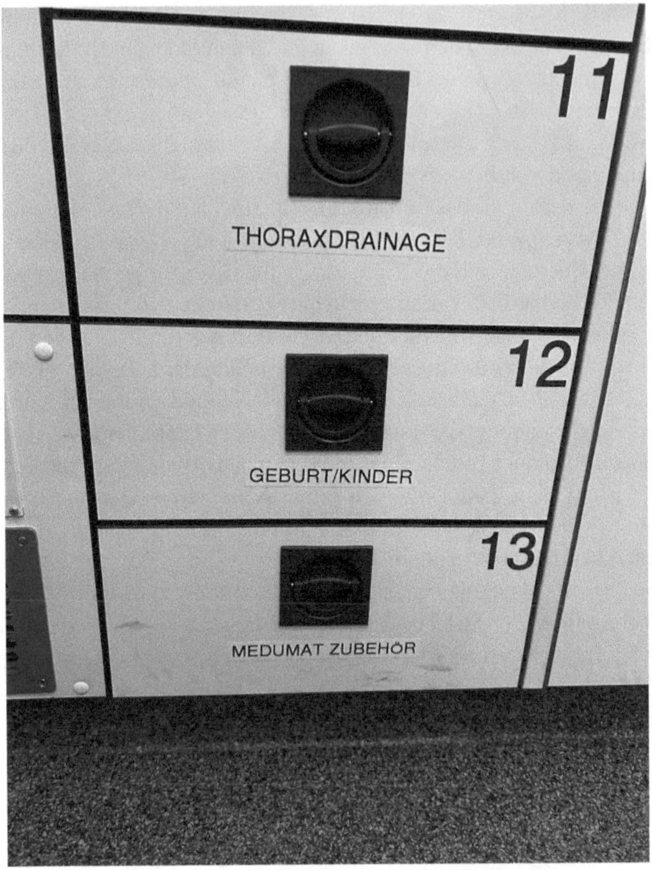

Abb. 4.1 Beschriftung und Nummern auf Schubladen. (Eigene Erstellung)

Symbole würden die Auffindbarkeit benötigter Materialien wesentlich verbessern und zugleich die Effizienz im Einsatz erhöhen.

Ein gelungenes Beispiel für strukturierte Materialorganisation zeigt diese Notfalltasche Abb. 4.3. Die farblich unterschiedlichen Modultaschen bieten bereits auf den ersten Blick eine visuelle Orientierung und lassen Rückschlüsse auf ihren jeweiligen Inhalt zu, etwa durch standardisierte Farbcodes für Atemwegssicherung, Zugang oder Wundversorgung. Ergänzend dazu sorgt die klare und gut lesbare Beschriftung jeder einzelnen Modultasche dafür, dass alle Teammitglieder, unabhän-

Abb. 4.2 Fehlende Beschriftungen an Schränken. (Eigene Erstellung)

gig von Erfahrung oder Vertrautheit mit dem System, sofort wissen, was sich wo befindet. Diese Kombination aus Farbe und Beschriftung unterstützt ein schnelles Handeln im Einsatz und reduziert Fehlerquellen deutlich. **Eine zusätzliche Optimierung stellen Modultaschen mit transparentem Deckel dar.** Sie ermöglichen bereits vor dem Öffnen einen direkten Blick auf den Inhalt und erhöhen so nochmals die Übersichtlichkeit.

Seiso (Sauberkeit) Seiso steht für konsequente und regelmäßige Reinigung, aber im Kontext der 5S-Methode bedeutet es weit mehr als nur Saubermachen.

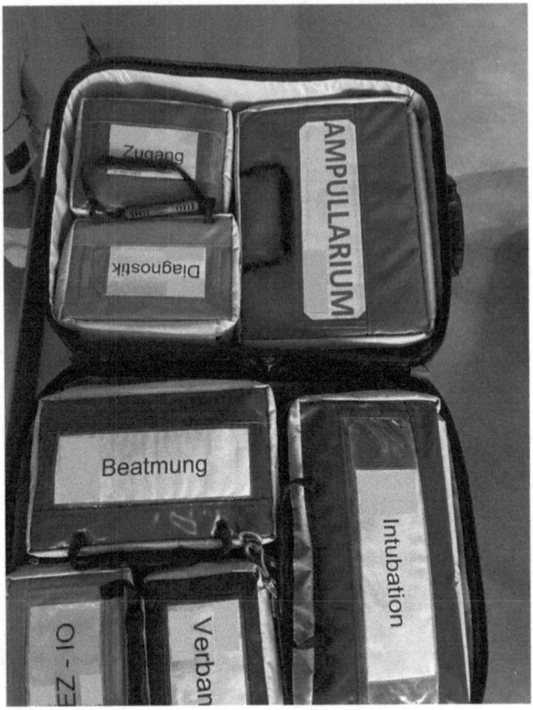

Abb. 4.3 Modultaschen im Notfallrucksack. (Eigene Erstellung)

▶ Die regelmäßige Reinigung geht im Rahmen der 5S-Methode weit über das bloße Putzen hinaus. Sie ist eng verknüpft mit Inspektion, Instandhaltung und Verantwortungsübernahme.

Ziel von Seiso:

- Erkennung von Mängeln und Verschleiß durch gezielte Reinigung
- Vermeidung hygienischer und technischer Risiken
- Förderung von Eigenverantwortung und Teambewusstsein

Vorgehensweise in der Praxis

- **Verantwortlichkeiten klären:** Wer reinigt wann was? (z. B. tägliche Schichtübergabe, wöchentliche Zuständigkeiten).
- **Checklisten verwenden:** Strukturierte Reinigungspläne (Hygieneplan und andere) schaffen Verbindlichkeit.
- **Reinigung mit Prüfung verbinden:** Die wöchentliche ausführliche Desinfektion zwingt uns sowieso auch alle Schränke, Schubladen, Rucksäcke, Modultaschen, Fahrerkabine, Außenfächer und vieles mehr auszuräumen. Der ideale

Zeitpunkt, um nicht nur zu reinigen, sondern auch besonders intensiv die Materialien zu prüfen.

- **Auffälligkeiten dokumentieren:** Defekte und Verschmutzungen sichtbar machen, idealerweise im Teamboard oder digitalem Übergabesystem.

Es empfiehlt sich, für die verschiedenen Fahrzeugtypen und Wachen individuelle Reinigungs- und Inspektionspläne zu entwickeln. Dabei sollte neben den Fahrzeugen auch das Materiallager, die Büroschränke, Aufenthaltsräume, Küche, Umkleiden inklusive der Räume für die Poolwäsche etc. berücksichtigt werden. Eine saubere und gut organisierte Umgebung steigert nicht nur die Arbeitssicherheit, die Effizienz und die Übersichtlichkeit, sondern auch das Wohlbefinden und die Motivation der Mitarbeitenden.

Seiketsu (Standardisieren) Seiketsu steht für die konsequente Standardisierung der zuvor geschaffenen Ordnung und Sauberkeit. Es geht darum, die Ergebnisse aus Seiri, Seiton und Seiso dauerhaft zu sichern und reproduzierbar zu machen, durch klare Standards, Routinen, Visualisierungen und regelmäßige Überprüfung.

Ziele von Seiketsu:

- Verlässliche Wiederholbarkeit durch einheitliche Abläufe
- Erhalt der erreichten Struktur, Ordnung und Hygiene
- Transparenz und Sicherheit im täglichen Handeln

Praktische Beispiele für Standardisierung

- **Fahrzeug-Checklisten** mit eindeutigen Schubladen- und Schrank- und Modultaschenbezeichnungen
- **Standardisierte Materialverteilung** auf allen Fahrzeugen, in allen Wachen standardisierte Lagerlogistik, standardisierte Dokumentenablage etc.
- **Einheitliche Dienstanweisungen** für Reinigung, Lagerführung und Medikamentenprüfung
- **Verbindliche Packlisten** für Notfallrucksäcke, Koffer und Module
- **Visualisierte Verlastungspläne** mit Foto, Farbkodierung, Nummerierung, Beschriftung etc.
- **Namens- oder Farbcodes für Lagerbereiche** (z. B. „Verbrauch A“, „Wartung B“)
- **Checklisten** für die Hygiene- und PSA-Kontrolle

Die Standards sollten nicht als starres System verstanden werden, sondern regelmäßig hinterfragt und weiterentwickelt werden. Ein gelebter Standardprozess lebt von der Bereitschaft, bei Bedarf Anpassungen vorzunehmen.

Shitsuke (Disziplin und kontinuierliche Anwendung) Shitsuke ist der fünfte und abschließende Schritt der 5S-Methode und zugleich der, der über ihren langfristigen Erfolg entscheidet. Es geht um das konsequente Einhalten und aktive Leben der zuvor etablierten Standards. Shitsuke bedeutet nicht nur Disziplin im Sinne von Einhaltung von Regeln, sondern auch die bewusste Entwicklung einer Haltung: Ordnung, Sauberkeit und Struktur werden nicht als Last empfunden, sondern als Selbstverständlichkeit im professionellen Handeln verankert.

Ziele von Shitsuke:

- Nachhaltige Verankerung von Ordnung und Standards im Alltag
- Entwicklung einer Kultur des Dranbleibens und Mitverantwortens
- Förderung von Eigenverantwortung, Vorbildverhalten und Teamdisziplin

Erfolgsfaktoren für Shitsuke:

- Führung durch Vorbild: Leitungskräfte, die selbst Ordnung und Struktur leben, prägen das Verhalten im Team maßgeblich.
- Regelmäßige Audits: Kurzform von Überprüfungen, die nicht kontrollierend wirken, sondern zur Reflexion und Verbesserung dienen.
- Team-Feedback: Monatliche Rückmeldungen zu Ordnung, Abläufen und Umsetzung der Standards.
- Positive Verstärkung: Aufzeigen und Anerkennen von Verbesserungen und deren positiven Auswirkungen. Zeigen Sie allen, was 5S für ihren Rettungsdienst bedeutet.
- Neue Mitarbeitende aktiv einführen: Kurze Schulung zu 5S-Grundsätzen im Onboarding-Prozess.

Kaizen-Impuls

„Shitsuke ist der Moment, in dem eine Methode zur Haltung wird." Schaffen Sie eine 5S-Kultur, die nicht auf Kontrolle, sondern auf Verständnis, Vorbild und tägliche Wiederholung beruht. Nutzen Sie Reflexionskarten, kleine Teamrituale und sichtbare Wertschätzung für gelungene Umsetzung, dann wird Shitsuke nicht zum Pflichtprogramm, sondern zum Qualitätsmerkmal des Teams.

4.1.3 Praxis und Umsetzung der 5S-Methode im Rettungsdienst

Die Einführung der 5S-Methode im Rettungsdienst gelingt nicht durch ein einmaliges Projekt, sondern durch systematisches Vorgehen, kontinuierliche Einbindung und eine klare Strategie. Dabei kommt es auf das Zusammenspiel von Führung, Teamkultur und strukturellen Rahmenbedingungen an.

Implementierungsstrategien und Vorgehensmodelle Grundsätzlich kann die Implementierung von 5S sowohl top-down – also von der Führung initiiert – als auch bottom-up, durch Teams oder Einzelpersonen, angestoßen werden. In der Praxis hat sich ein hybrides Modell bewährt: Die Leitung schafft den strukturellen Rahmen, Pilotbereiche werden ausgewählt (z. B. Lager, Fahrzeug, Materialkammer), und motivierte Mitarbeitende übernehmen Verantwortung für konkrete Umsetzungsschritte.

Die Schulung von Mitarbeitenden ist dabei essenziell: Wer den Sinn und Zweck von 5S versteht, ist eher bereit, aktiv mitzugestalten. Besonders sinnvoll ist es, auch neue Mitarbeitende und Auszubildende als 5S-Botschafter:innen zu gewinnen, sie bringen oft frischen Blick und hohe Veränderungsbereitschaft mit.

Zudem kann die Verknüpfung mit bestehenden Strukturen, etwa dem Qualitätsmanagement, Arbeitsschutz oder innerbetrieblichen Projekten, die Einführung erleichtern. Auch sogenannte 5S-Tage, an denen gezielt Bereiche überprüft und optimiert werden, können als Impuls dienen.

Erfolgsfaktoren Zu den zentralen Erfolgsfaktoren zählen klare Führung und Vorbildfunktion: Wenn Leitungskräfte 5S ernst nehmen, mittragen und aktiv mitgestalten, entfaltet sich Wirkung. Kurze Zeit später sichtbare Erfolge (sogenannte **„Quick Wins“**), etwa durch Ordnung in einem Lagerbereich oder kürzere Checkzeiten auf dem RTW, sorgen für Motivation im Team.

Die regelmäßige Reflexion, z. B. in Teamsitzungen oder durch Feedbackrunden, hilft, Erfolge zu sichern und Maßnahmen weiterzuentwickeln. Wichtig ist zudem, die 5S-Logik in bestehende Routinen zu integrieren, etwa durch Checklisten, Übergabeprotokolle oder Visualisierungen im Dienstalltag.

Übersicht

Ein schönes Beispiel für die Sichtbarmachung kleiner, aber wirkungsvoller Veränderungen erlebte ich auf einer Rettungswache als Berater: Dort wurde auf dem digitalen Infoboard prominent der **„Quick Win des Monats“** vorgestellt, eine gelungene Optimierung im Sinne von Kaizen, die entweder durch Mitarbeitende, Auszubildende oder Führungskräfte angestoßen wurde.

Die Maßnahme war nicht nur nachvollziehbar beschrieben, sondern wurde auch sichtbar gewürdigt. So entstand ein klares Signal: Hier entwickelt sich etwas und jede Idee zählt.

Solche Formate stärken die Veränderungskultur, fördern Identifikation und schaffen Transparenz. Auch wenn kein digitales Infoboard vorhanden ist, gibt es zahlreiche Möglichkeiten, Quick Wins sichtbar zu machen, etwa über analoge Aushänge, einen internen Newsletter oder gezielt platzierte Beiträge in Dienstbesprechungen. Entscheidend ist, dass Verbesserungen nicht im Verborgenen bleiben, sondern positiv begleitet und gemeinsam gefeiert werden.

Herausforderungen bei der Einführung Typische Hürden bestehen in Verhaltensmustern und Gewohnheiten: Aussagen wie „Das haben wir immer so gemacht“ oder „Das bringt doch nichts“ sind verbreitet und müssen ernst genommen, aber auch mutig adressiert werden. Hier hilft Kommunikation auf Augenhöhe, gepaart mit konkreten Beispielen für Verbesserungen.

Auch unklare Zuständigkeiten bremsen den Prozess: Wer ist verantwortlich für das Nachhalten der Ordnung? Wer überprüft Standards regelmäßig? Fehlt diese Klarheit, droht die Methode zu verwässern.

Eine der größten Herausforderungen ist die Nachhaltigkeit im letzten S – Shitsuke (Selbstdisziplin). Nur wenn regelmäßige Kontrollen, Erinnerungen und Vorbilder etabliert sind, bleibt 5S im Alltag präsent. Gerade in der Startphase ist außerdem mit Ressourcenengpässen zu rechnen, ob Zeit, Personal oder Aufmerksamkeit. Umso wichtiger ist es, Schritt für Schritt vorzugehen, Verantwortung zu teilen und sichtbare Ergebnisse zu dokumentieren.

Die Einführung von 5S ist kein Selbstläufer, aber ein kraftvoller Hebel, um den Arbeitsalltag im Rettungsdienst sicherer, effizienter und strukturierter zu gestalten.

4.2 A3-Report

Denke auf einer Seite und bringe das Wesentliche auf den Punkt.

Was ist ein A3-Report? Der A3-Report ist ein strukturiertes Werkzeug zur Problemlösung, Entscheidungsfindung und Projektsteuerung, das aus dem Toyota-

Produktionssystem stammt, genau wie viele Elemente des Kaizen. Seinen Namen verdankt er dem verwendeten Papierformat: Alles Wichtige passt auf ein Blatt im Format A3 (29,7 × 42 cm). Dabei geht es jedoch weniger um das Format als vielmehr um das dahinterstehende Denken: **Komplexe Situationen sollen übersichtlich, logisch und verständlich auf einer Seite dargestellt werden.**

Der A3-Report ermöglicht es, Probleme greifbar zu machen, **Ursachen strukturiert zu analysieren und gemeinsam im Team wirksame Maßnahmen zu entwickeln,** auf eine Weise, die transparent, visuell und umsetzbar ist.

► Die Ursprünge der A3-Methode lassen sich auf Joseph M. Juran zurückführen, einen bedeutenden Wirtschaftsingenieur rumänischer Herkunft, der in den USA tätig war und maßgeblich zur Entwicklung des modernen Qualitätsmanagements beitrug. In den 1950er-Jahren empfahl Juran führenden japanischen Managern, Entscheidungsgrundlagen, Problemlösungen und Strategien kompakt auf einem einzigen Blatt Papier darzustellen. Diese Fokussierung auf das Wesentliche sollte die strukturierte und übersichtliche Aufbereitung von Inhalten gewährleisten, um Zusammenhänge leichter erfassbar zu machen. Eiji Toyoda, der Unternehmensgründer von Toyota, griff diesen Ansatz auf und entschied sich für das Format DIN-A3, wodurch die Methode ihren Namen erhielt. (REFA, 2023).

Der Nutzen auf einen Blick

- Fördert **klar strukturiertes Denken**
- Erzwingt **Transparenz und Verständlichkeit**
- Unterstützt **Teamarbeit und Kommunikation**
- Schafft **Verbindlichkeit** durch Maßnahmen, Zuständigkeiten und Fristen
- Ist **visuell nachvollziehbar,** ideal für Besprechungen, Teamsitzungen oder Kaizen-Boards

Aufbau eines A3-Reports – klassische Struktur Der klassische A3-Report folgt einer klar strukturierten Gliederung, die an den PDCA-Zyklus (Plan-Do-Check-Act) angelehnt ist und typischerweise sieben Analyse- und Arbeitsschritte umfasst. **Das DIN-A3-Formblatt im Querformat ist in zwei Hauptbereiche geteilt:** Auf der linken Seite befinden sich die ersten vier Schritte, die der Planungsphase **(Plan)** zugeordnet sind, auf der rechten Seite folgen die Umsetzungs-, Überprüfungs- und Steuerungsschritte **(Do, Check, Act).**

Die einzelnen Schritte umfassen

- **Hintergrund und Problembeschreibung:** Hier wird das Problem klar und nachvollziehbar formuliert, dabei wird die Relevanz für das Unternehmensziel herausgestellt.
- **Aktuelle Situation:** Der Ist-Zustand wird anhand von Daten und Fakten, oft unterstützt durch Grafiken oder Tabellen, dargestellt, um die Ausgangslage und Hindernisse zu analysieren.
- **Ziel-Zustand:** Definiert den angestrebten Soll-Zustand mit messbaren Kriterien, die den Erfolg der Lösung festlegen.
- **Ursachenanalyse:** Identifikation und Darstellung der zugrunde liegenden Probleme und deren Ursachen. Hierzu werden verschiedene Tools genutzt. Am Ende des Abschnitts findet sich eine Tabelle mit entsprechender Übersicht.
- **Gegenmaßnahmen/Maßnahmenplan:** Konkrete Maßnahmen werden festgelegt, um die Ursachen zu beseitigen.
- **Erfolgsüberprüfung:** Dokumentation und Bewertung der Wirksamkeit der umgesetzten Maßnahmen.
- **Standardisierung und Anpassung:** Beschreibung, wie erfolgreiche Maßnahmen in Standards überführt und dauerhaft verankert werden.

Der A3-Report bündelt auf diese Weise auf einem einzigen Blatt alle relevanten Informationen für eine nachvollziehbare und nachhaltige Problemlösung im Sinne eines kontinuierlichen Verbesserungsprozesses (KVP).

Erstellung eines A3-Reports Die Erstellung eines A3-Reports beginnt meist nicht mit dem Formular, sondern mit der Erkenntnis, dass ein Problem vorliegt, das systematisch betrachtet und gelöst werden sollte. Im betrieblichen Alltag des Rettungsdienstes entstehen solche Situationen häufig durch Rückmeldungen aus dem Team, durch CIRS-Meldungen *(Critical Incident Reporting System),* durch Ergebnisse aus Audits oder durch Auffälligkeiten im Tagesbetrieb, etwa bei Übergaben, Materialflüssen oder organisatorischen Schnittstellen.

1. Identifikation und Themenwahl

Zu Beginn steht die konkrete Problemwahrnehmung, entweder durch einzelne Mitarbeitende, durch Führungskräfte oder durch Qualitätsmanagement. Häufig wird der A3-Report auch im Rahmen einer strukturierten Teambesprechung oder nach einem Gemba Walk (Vor-Ort-Beobachtung) angestoßen. Es handelt sich idealerweise um ein Thema, das relevant, wiederholbar und beeinflussbar ist.

Tab. 4.1 Digitale Varianten des A3-Reports

Tool/Plattform	Beschreibung/Vorteile
Microsoft Word/PowerPoint/Excel (A3-Layout)	Klassische Office-Vorlage, anpassbar, druckbar
Miro/Mural (digitale Whiteboards)	Visuelle A3-Boards mit Post-its, Icons, Team-Kommentaren
Trello/Notion/ClickUp	Digitale Boards mit Kartenstruktur, To-Dos, Verantwortlichkeiten
Google Workspace (Docs/Slides)	Gemeinsames Bearbeiten, Kommentieren, Cloud-basiert
Kaizen-Board in Lean-Software (z. B. KaiNexus, Asana)	Spezialisierte Tools für Kaizen, PDCA und A3-Reports
PDF-Formulare mit Eingabefeldern	A3 als ausfüllbare Vorlage, leicht zu versenden und archivieren

2. Erster Entwurf
In einem ersten Schritt wird der A3-Report im Entwurf erstellt, häufig noch durch eine einzelne Person oder ein kleines Kernteam. Dabei werden der Hintergrund, der Ist-Zustand, das Problem sowie das angestrebte Ziel beschrieben. Erste Hypothesen zur Ursache werden formuliert, beispielsweise auf Basis der 5-Why-Methode oder anderer Analysetools. In vielen Organisationen erfolgt dieser Schritt heute bereits digital, etwa mit einer Word-Vorlage, einem ausfüllbaren PDF oder einer strukturierten PowerPoint-Folie im A3-Layout Tab. 4.1.

3. Gemeinsame Ursachenanalyse im Team
Der eigentliche Mehrwert des A3-Reports liegt nicht im Ausfüllen, sondern im Dialog. Deshalb sollte der Entwurf in einem kleinen Workshop, einer Besprechung oder einer gezielten Fallreflexion im Team eingebracht werden. An dieser Stelle erfolgt eine vertiefte Ursachenanalyse, je nach Situation gestützt durch Tools wie Ishikawa-Diagramme, Prozessflussanalysen oder direkte Beobachtungen am Ort des Problems (Gemba Walk). Ziel ist es, die Ursachen nicht auf individueller Ebene zu verorten, sondern systemisch zu verstehen.

4. Entwicklung und Planung von Maßnahmen
Im Anschluss werden konkrete Maßnahmen erarbeitet, die auf die identifizierten Ursachen abzielen. Dabei ist es hilfreich, Maßnahmen mit Zielwerten zu verknüpfen, also etwa mit klar definierten Key Performance Indicators (KPI). Der Maßnahmenplan sollte verbindlich festhalten, wer was bis wann tut, ergänzt um eine klare Zielsetzung und Verantwortlichkeiten. Viele Rettungsdienste nutzen dafür ergänzende Tools wie digitale Aufgabenplaner, Kanban-Boards oder interne Plattformen zur Maßnahmenverfolgung und zum Projektmanagement.

5. Umsetzung und Nachverfolgung
Sobald die Maßnahmen vereinbart sind, beginnt die Phase der Umsetzung. Ein A3-Report darf in dieser Phase nicht in der Schublade verschwinden, sondern wird fortgeführt, aktualisiert und sichtbar gemacht. Dies kann etwa durch eine Einbindung in ein Kaizen-Board auf der Wache, durch regelmäßige Review-Termine oder durch Feedbackschleifen im Team geschehen. Evaluation, Lernerkenntnisse und Erfolgsfaktoren werden im letzten Abschnitt des A3-Reports festgehalten.

6. Einbettung in die Qualitätsentwicklung
Gut dokumentierte A3-Reports können als Fallbeispiele im Rahmen von Qualitätszirkeln, Leitungskräftetreffen oder Schulungsveranstaltungen genutzt werden. Sie fördern das organisationsweite Lernen und machen Kaizen greifbar, nicht als abstrakte Methode, sondern als konkretes Werkzeug für kontinuierliche Verbesserung im Alltag.

Digitale Varianten des A3-Reports **Die Grundidee des A3-Reports** – Probleme übersichtlich, lösungsorientiert und nachvollziehbar auf einer Seite zu dokumentieren – **bleibt auch im digitalen Zeitalter von zentraler Bedeutung.** Während der Ursprung dieses Instruments im papierbasierten Lean-Management liegt, zeigt die Praxis im Rettungsdienst, **dass sich digitale Varianten heute deutlich besser in bestehende Arbeitsprozesse integrieren lassen.**

In der folgenden Tabelle Tab. 4.1 werden verschiedene digitale Umsetzungsformen vorgestellt, die sich besonders gut für Teamarbeit, kollaboratives Arbeiten und die strukturierte Umsetzung von Verbesserungsprozessen eignen. Die Auswahl berücksichtigt unterschiedliche technische Voraussetzungen und Arbeitsweisen, von formatierten Dokumentvorlagen bis hin zu interaktiven Arbeitsbereichen für Ursachenanalysen und Maßnahmenplanung.
Wichtig ist dabei weniger die verwendete Software, sondern die dahinterstehende Denkweise: Der A3-Report lebt vom strukturierten, nachvollziehbaren und gemeinsam getragenen Verbesserungsprozess. Die digitale Umsetzung kann diesen Anspruch nicht nur erhalten, sondern durch transparente Bearbeitbarkeit, geteilte Verantwortung und direkte Umsetzbarkeit sogar stärken.

▶ **Tools zur Ursachenanalyse** Die Ursachenanalyse ist ein zentraler Bestandteil jedes A3-Reports, denn nur wer die tatsächlichen Auslöser eines Problems versteht, kann wirksame und nachhaltige Verbesserungsmaßnahmen entwickeln.

Dabei stehen verschiedene Methoden zur Verfügung, die je nach Komplexität des Problems, Datenlage und Beteiligungsform sinnvoll ausgewählt werden sollten.

Die folgende Tabelle gibt einen Überblick über bewährte Tools zur Ursachenanalyse. Sie zeigt auf, welche Ansätze bei welchen Problemstellungen geeignet sind und welche Stärken sie jeweils mitbringen.

Im weiteren Verlauf dieses Buches wird auf mehrere dieser Methoden vertiefend eingegangen, unter anderem auf die 5-Why-Methode, das Ishikawa-Diagramm und den Gemba Walk. Ziel ist es, ein praxisnahes und direkt einsetzbares Methodenrepertoire zur Verfügung zu stellen, das in der Anwendung im Team, in der Führung und im Qualitätsmanagement des Rettungsdienstes genutzt werden kann (Tab. 4.2).

Tab. 4.2 Tools zur Ursachenanalyse im A3-Report

Tool/Methode	Beschreibung	Eignung im Rettungsdienst
5-Why-Methode	Wiederholtes Fragen „Warum?“ (ca. fünfmal), um zur Wurzelursache zu gelangen	Sehr gut für einfache, wiederkehrende Probleme (z. B. Material nicht aufgefüllt)
Ishikawa-Diagramm (Fishbone)	Visuelles Ursachen-Diagramm, strukturiert nach Einflusskategorien (z. B. Mensch, Maschine, Methode)	Gut bei komplexeren, systemischen Problemen (z. B. hohe Einsatzverzögerungen)
Pareto-Analyse (80/20-Regel)	Fokussiert auf die häufigsten Ursachen durch Häufigkeitsauswertung	Nützlich bei mehreren Störquellen (z. B. bei Fehlern im Lager oder Dienstplan)
Gemba Walk/Vor-Ort-Beobachtung	Analyse durch Beobachtung direkt am Ort des Geschehens	Ideal zur Ursachenanalyse bei Arbeitsabläufen, Materialfluss, Fahrzeugverlastung
Brainstorming/ Kartenabfrage	Strukturierte Sammlung möglicher Ursachen im Team	Unterstützt Beteiligung, gut für interdisziplinäre Sichtweisen
Prozessflussanalyse (Flow Chart)	Schrittweise Darstellung eines Prozesses zur Lokalisierung von Schwachstellen (Blueprinting)	Besonders sinnvoll bei Übergabeprozessen, Meldeketten, Checklistenlogik
Why-Not-Check (Barrierenanalyse)	Analyse von Hindernissen, die gewünschte Zustände verhindern	Hilfreich, wenn trotz klarer Vorgaben keine Umsetzung erfolgt
Interviews/kurze Befragungen	Gespräche mit Beteiligten zur Einschätzung von Ursachen	Schnell, praxisnah, gut bei verhaltens- oder kommunikationsbedingten Ursachen

Quelle: Eigene Erstellung

Um die Anwendung des A3-Reports im Rettungsdienst greifbar zu machen, folgt abschließend ein praxisnahes Beispiel. Es zeigt, wie mithilfe des A3-Formats ein konkreter Vorfall – in diesem Fall eine beinahe erfolgte Medikamentenverwechslung beim Aufziehen im Einsatz – strukturiert analysiert und mit geeigneten Maßnahmen bearbeitet werden kann. Der Report dient zur Veranschaulichung der zuvor dargestellten Methodik und soll zur Umsetzung im eigenen Arbeitsbereich anregen.

A3-Report Beispiel: Medikamentenverwechslung beim Aufziehen eines Medikaments

1. **Titel/Thema**
   Fehlaufziehung eines Medikaments im Einsatz. Verbesserung der Medikationssicherheit auf dem RTW
2. **Hintergrund**
   Im Rahmen eines Notfalleinsatzes wurde auf dem RTW versehentlich das falsche Medikament aufgezogen und fast appliziert. Nur durch die Doppelkontrolle (Crosscheck) einer Kollegin konnte ein Patientenschaden verhindert werden. Solche Situationen stellen ein erhebliches Risiko für die Patientensicherheit dar und belasten zusätzlich die Mitarbeitenden. *Wiederholte CIRS-Meldungen und Teamrückmeldungen deuten auf ein systemisches Problem hin.*
3. **Ist-Zustand (Problem)**
   - Es wurden im letzten Quartal 3 ähnliche Medikationsverwechslungen im CIRS dokumentiert.
   - Im Einsatz wird oft nach Handelsnamen verlangt, nicht nach Wirkstoff. Handelsnamen unterscheiden sich natürlich je nach Hersteller, z. B. *Lasix vs. Furosemid* oder *Aspisol vs. Acetylsalicylsäure.* Zusätzlich kommt es hier durch die Apotheken teilweise zum Wechsel von Herstellern und somit zu Namensänderungen, was eine alphabetische Sortierung durcheinanderbringt
   - Verwechslungsgefahr durch **Soundalikes** (Medikamentennamen können in der Hektik und Lautstärke am Einsatzort verwechselt werden)
   - Verwechslungsgefahr durch **Lookalikes** (Ampullen sehen sich visuell sehr ähnlich in Größe, Form, Etikettgestaltung) (Said et al., 2019)
   - Lagerung im Ampullarium ist nicht eindeutig getrennt
   - Es existieren keine Farbcodierungen oder logische Strukturierungen
   - Keine verpflichtende Doppelkontrolle beim Aufziehen.

4. **Ziel-Zustand**
   - Reduktion der dokumentierten Medikationsverwechslungen auf 0 Fälle innerhalb von 6 Monaten.
   - Einführung einer einheitlichen Kommunikation nach Wirkstoffen im gesamten Team
   - Einführung einer einheitlichen Doppelkontrollstruktur (Vier-Augen-Prinzip/Crosscheck) beim Aufziehen und Verabreichen.
   - Visuelle Optimierung der Lagerung und Kennzeichnung der Medikamente in den Ampullarien
5. **Ursachenanalyse** (5-Why-Analyse als Methode siehe Abschn. 4.3)
   Problem: Falsches Medikament wurde aufgezogen.
   - *Warum? – Die falsche Ampulle wurde entnommen*
   - *Warum?* – Ampullen sahen sehr ähnlich aus (Lookalike)
   - Warum? – Lagerung im Ampullarium war nicht eindeutig getrennt
   - Warum? – Es gibt keine farbliche Trennung oder zusätzliche Markierung
   - Warum? – *Es existieren keine standardisierten Etiketten oder Trennsysteme*

   → Zusätzliches Problem: Keine verpflichtende Doppelkontrolle.
6. **Lösungsvorschläge**
   - Einführung einer farbcodierten Medikamentenaufbewahrung im Ampullarium:
   - **Rot** = Herz-Kreislauf-Medikamente
   - **Blau** = Atemwegstherapie
   - **Gelb** = Analgesie
   - Information und Schulung zur Benennung nach Wirkstoffen statt Handelsnamen
   - Integration dieses Vorgehens in Teambesprechungen, Simulationstrainings und Einarbeitungsunterlagen
   - Verbindliche 4-Augen-Kontrolle/Crosscheck beim Aufziehen und vor Applikation
7. **Maßnahmenplan**

Maßnahme	Verantwortlich	Frist
Auswahl und Anschaffung farbcodierter Medikamenteneinsätze	Themenverantwortliche Person Material und MPG	01.03.2026
Roll-out und Austausch in allen Ampullarien	Themenverantwortliche Person Material und MPG	01.04.2026

Maßnahme	Verantwortlich	Frist
Entwicklung SOP „Medikamentenapplikation“	Ärztliche Leitung Rettungsdienst	01.03.2026
Information & Schulung der Mitarbeitenden (Wirkstoffsprache + Checkprinzip)	Leitende Praxisanleitung LPAL	Ab 01.03.2026 bis 31.03.2026
Aufnahme in Einarbeitungsplan und Fallbeispielen	Leitung Rettungsdienst & LPAL	31.03.2026
Evaluation über CIRS, Rückmeldungen und Teamfeedback	Leitung Rettungsdienst & QMB	fortlaufend

Quelle: Eigene Erstellung

8. **Ergebnisse/Evaluation (nach 3 Monaten)**
   - Keine weiteren CIRS-Meldungen zur Verwechslung dokumentiert.
   - Positive Rückmeldungen aus den Teams zur Übersichtlichkeit.
   - Wirkstoffsprache wurde intensiv geübt, fest in Trainings und Fortbildungen integriert und wird als etabliert bezeichnet
   - Die Doppelkontrolle wird in 100 % der Fälle nach Selbstauskunft durchgeführt.
   - Mitarbeitende berichten, dass sie sich sicherer fühlen und die Umsetzung praxisnah ist.
9. **Lernpunkte/Reflexion**
   - Fehler entstehen oft nicht durch Unachtsamkeit, sondern durch Systemschwächen.
   - Standardisierung, Visualisierung und einfache Routinen wie eine Vier-Augen-Kontrolle/Crosscheck können signifikant zur Sicherheit beitragen.
   - Beteiligung der Mitarbeitenden bei der Entwicklung und Umsetzung führt zu höherer Akzeptanz.

Ein gutes Beispiel für die Verbindung von Ordnung, Struktur und Sicherheit findet sich im Ampullarium des Notfallrucksacks Abb. 4.4. Hier zeigt sich die Anwendung der Kaizen-Prinzipien in der täglichen Praxis besonders anschaulich. Am Beispiel eines Modells der Firma Fleischhacker wird deutlich, wie durch Farbcodes und Beschriftungen (Wirkstoffnamen) die Übersichtlichkeit und Sicherheit im Medikamentenmanagement verbessert werden können.

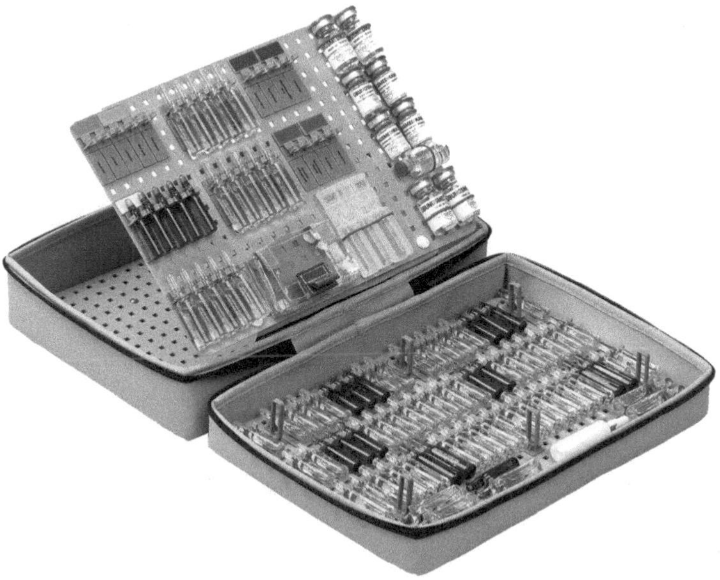

Abb. 4.4 Ampullarium mit Farbcode und Beschriftungen. (Quelle: Mit freundlicher Genehmigung durch Fa. Fleischhacker 2025)

So lassen sich die einzelnen Steckplätze im Ampullarium farblich markieren, beispielsweise rot für Herzkreislaufpräparate und grün für Atemwegstherapeutika. Ergänzend können Beschriftungen direkt an den Steckelementen angebracht werden, sodass beim Fahrzeug- oder Rucksackcheck sofort erkennbar ist, welche Ampulle fehlt oder ergänzt werden muss.

Diese klare visuelle Struktur ermöglicht eine schnellere und sichere Auffindbarkeit der benötigten Medikamente, vermeidet Suchzeiten und reduziert gleichzeitig das Risiko von Verwechslungen im Einsatz. **Das Ampullarium erfüllt damit gleich mehrere Kaizen-Grundsätze:** Es schafft Transparenz, fördert die Prozesssicherheit und erhöht die Effizienz bei der täglichen Arbeit.

Ein zusätzlicher Vorteil zeigt sich im Hinblick auf die 5S-Methode, insbesondere im Schritt „Seiso – Säubern". Durch die glatten Oberflächen und die standardisierte Anordnung der Steckelemente inklusive deren Reinigungsmöglichkeiten, lässt sich das Ampullarium besonders leicht reinigen. Damit leistet es auch einen Beitrag zur Hygienesicherheit und zur kontinuierlichen Verbesserung der Arbeitsumgebung.

4.3 5-Why-Methode

Frage fünfmal warum – und du findest die wahre Ursache, nicht nur das Symptom.

Ein zentrales Prinzip des Toyota-Produktionssystems – und damit auch des Kaizen – ist die **konsequente Ursachenanalyse durch wiederholtes Nachfragen.** Die sogenannte 5-Why-Methode (fünffaches Warum) gilt dabei als einfaches, aber äußerst wirkungsvolles Werkzeug, um oberflächliche Problembeschreibungen zu durchbrechen und **die tatsächlichen Ursachen von Fehlern und Schwachstellen aufzudecken.**

Die Methode beruht auf der Beobachtung, dass viele Probleme im Alltag nur scheinbar gelöst werden, wenn man sich mit Symptomen oder Zwischenursachen begnügt. Wirklich nachhaltige Verbesserung wird aber nur dann möglich, wenn **die tiefste ursächliche Ebene** identifiziert und gezielt bearbeitet wird. Um diese zu erreichen, wird – ausgehend von einem konkreten Problem – bis zu fünfmal hinterfragt, warum das jeweilige Ereignis eingetreten ist. Die erste Antwort dient dabei als Ausgangspunkt für das nächste „Warum", und so weiter.

Das klassische Beispiel aus der Industrie und dem Standartwerk zum Toyota Produktionssystem von Taiichi Ohno (2013) verdeutlicht die Logik (Tab. 4.3).

► **Was wäre passiert ohne 5 Why?** Vermutlich wäre lediglich die Sicherung oder die Welle ersetzt worden. Die wahre Ursache – das fehlende Sieb – wäre übersehen worden, und der Fehler hätte sich in wenigen Wochen wiederholt.

Die Methode wurde innerhalb von Toyota systematisch weiterentwickelt und trug zur Entstehung zahlreicher Schlüsselkonzepte wie visuelle Kontrolle, Produktionsnivellierung und Kanban[1] bei. Entscheidend dabei ist:

► Die 5-Why-Methode ist kein Tool für Spezialisten, sondern ein alltagstaugliches Analyseprinzip, das auf gesundem Menschenverstand, Neugier und Teamarbeit basiert.

[1] Kanban (japanisch: „Signalkarte") ist ein visuelles Steuerungsinstrument, das ursprünglich im Toyota-Produktionssystem entwickelt wurde. Es dient dazu, Materialflüsse, Arbeitsstände oder Aufgaben transparent darzustellen und gezielt nach dem Pull-Prinzip zu steuern, also immer nur dann zu produzieren, wenn tatsächlich Bedarf besteht. **In vielen Bereichen wird Kanban heute auch zur Aufgabenorganisation eingesetzt**, etwa in Form von Spalten („Zu erledigen", „In Arbeit", „Erledigt") auf physischen oder digitalen Boards.

Tab. 4.3 „Die 5-Why-Methode"

Warum hat die Maschine angehalten?	Es hat eine Überlastung gegeben, und die Sicherung ist durchgebrannt.
Warum hat es eine Überlastung gegeben?	Das Lager war nicht ausreichend geschmiert.
Warum war es nicht ausreichend geschmiert?	Die Ölpumpe hat nicht genügend gepumpt.
Warum hat sie nicht genügend gepumpt?	Die Welle ist ausgeschlagen und rattert.
Warum ist die Welle ausgeschlagen?	Es war kein Sieb angebracht, und deshalb gerieten Metallsplitter in die Maschine.

Quelle: Ohno (2013, S. 51)

Im Kaizen-Kontext bietet sie für den Rettungsdienst die Möglichkeit, Fehlerquellen, Prozessstörungen und wiederkehrende Probleme schnell und strukturiert zu hinterfragen. Sie ist dabei besonders geeignet für Situationen, in denen keine aufwendige Datenerhebung nötig ist, sondern eine kluge, konsequente Reflexion der Abläufe im Vordergrund steht.

Anwendung im Rettungsdienst Im Rettungsdienst kann die 5-Why-Methode auf vielfältige Weise eingesetzt werden, von der **Analyse technischer Probleme** über **organisatorische Schwachstellen** bis hin zu **Fehlern in der Kommunikation** oder Übergabe. Entscheidend ist dabei, dass die Methode nicht der Schuldzuweisung dient, sondern dem gemeinsamen Lernen und Verbessern.

Ein Beispiel aus der Praxis:

Ein typisches Beispiel für die Anwendung der 5-Why-Methode im Rettungsdienst ist die *wiederholte Nichtberücksichtigung von Dienstfreiwünschen in der Dienstplanung*. Zunächst scheint es sich um einen simplen Planungsfehler zu handeln, tatsächlich liegt die Ursache jedoch deutlich tiefer in organisatorischen Strukturen, Kommunikationswegen und im Führungsverständnis (Tab. 4.4).

Analyse und Lerneffekt Ohne den Einsatz der 5-Why-Methode wäre die Reaktion vermutlich bei der ersten Ebene stehengeblieben, etwa durch den Appell, Dienstfreiwünsche künftig rechtzeitig einzureichen oder durch eine manuelle Nachkorrektur des Plans. Die eigentliche Ursache, nämlich das Fehlen eines verbindlichen Prozesses und einer klaren Zuständigkeit, wäre jedoch unentdeckt geblieben.

Tab. 4.4 Beispiel 5-Why-Methode „Dienstplanung“

Warum wurde der Dienstfreiwunsch eines Mitarbeitenden nicht berücksichtigt?	Weil die Führungskraft die eingereichten Wünsche beim Erstellen des Plans vermeintlich nicht vorliegen hatte.
Warum lagen die Wünsche vermeintlich nicht vollständig vor?	Weil sie über verschiedene Wege eingereicht wurden: mündlich, per E-Mail, über Post-its oder vereinzelt im Planungstool. Hier fehlte am Ende eine einheitliche Übersicht und einzelne Anfragen wurden übersehen.
Warum wurden die unterschiedlichen Wege genutzt?	Weil es keinen einheitlichen Kommunikationsstandard oder eine verbindliche Verfahrensanweisung zur Übermittlung von Dienstplanwünschen gibt.
Warum existiert keine solche Regelung?	Weil bislang keine klare Verantwortung übernommen wurde, ein verbindliches System zur Erfassung und Dokumentation von Dienstplanwünschen einzuführen.
Warum wurde diese Verantwortung nicht übernommen?	Weil die Dienstplanung bisher überwiegend als administrative Aufgabe verstanden wurde und nicht als Führungsinstrument zur Motivation und Bindung der Mitarbeitenden.

Quelle: Eigene Erstellung

▶ Die Analyse verdeutlicht, wie wertvoll die 5-Why-Methode auch in administrativen Bereichen des Rettungsdienstes sein kann. Sie ermöglicht es, nicht nur Symptome zu beheben, sondern die Systemursachen aufzudecken, in diesem Fall den fehlenden Führungsanspruch innerhalb eines Planungsprozesses, der erheblichen Einfluss auf Zufriedenheit, Fairnesswahrnehmung und Bindung der Mitarbeitenden hat.

Wird das Ergebnis ernst genommen, können daraus konkrete Verbesserungen entstehen: etwa die Einführung einer verbindlichen Regelung für Dienstplanwünsche, die Integration eines standardisierten Formulars im Planungstool, klare Zuständigkeiten sowie regelmäßige Rückmeldungen an die Mitarbeitenden über den Status ihrer Wünsche.

Anwendung im Ehrenamt Ein weiteres Beispiel zeigt, dass die 5-Why-Methode nicht nur bei administrativen Prozessen, sondern ebenso im technischen und organisatorischen Bereich wertvolle Erkenntnisse liefern kann. Gerade in ehrenamtlich besetzten Einsatzeinheiten von Hilfsorganisationen und der Freiwilligen Feuerwehr treten häufig Situationen auf, in denen Materialien abgelaufen, Ausrüstungsgegenstände unvollständig oder Fahrzeuge nur zufällig auf Mängel geprüft wer-

Tab. 4.5 Beispiel 5-Why-Methode „Ehrenamt – Fahrzeuge"

Warum waren Materialien abgelaufen und Fahrzeuge teilweise nicht einsatzbereit?	Weil die regelmäßige Kontrolle der Ausstattung nicht zuverlässig durchgeführt wurde.
Warum erfolgten die Kontrollen nicht regelmäßig?	Weil unklar war, wer konkret für welches Fahrzeug und dessen Ausstattung verantwortlich ist.
Warum war die Verantwortlichkeit unklar?	Weil keine festen Fahrzeugpatinnen oder -paten benannt waren.
Warum wurden keine Fahrzeugpatinnen oder -paten bestimmt?	Weil es keine verbindliche Regelung oder Kommunikation zur Zuständigkeit gab.
Warum fehlte diese Regelung?	Weil Wartung und Materialpflege bislang als Nebentätigkeit ohne strukturelle Einbindung in die Führungs- und Kommunikationsprozesse betrachtet wurden.

Quelle: Eigene Erstellung

den. Die Folge sind vermeidbare Einschränkungen der Einsatzbereitschaft, die erst bei Dienstabenden oder Übungen auffallen (Tab. 4.5).

Auch hier wäre eine rein symptomorientierte Lösung, etwa das kurzfristige Nachfüllen oder Austauschen der Materialien oder die Ermahnung der Ehrenamtlichen, nicht nachhaltig gewesen. Erst durch die 5-Why-Analyse wurde deutlich, dass das eigentliche Problem im Fehlen klarer Strukturen, Zuständigkeiten und Kommunikationswege lag.

Als Ergebnis wurde ein System fester Fahrzeugpatenschaften eingeführt. Jede und jeder Verantwortliche übernahm ein konkretes Fahrzeug, erhielt klare Checklisten, festgelegte Kontrollintervalle und eine standardisierte Rückmeldung an die Leitung. Damit entstand nicht nur Transparenz über den Zustand der Einsatzmittel, sondern auch ein höheres Verantwortungsbewusstsein und eine deutlich verbesserte Einsatzbereitschaft.

4.4 Ishikawa-Diagramm

Wenn du alle Ursachen kennst, wird die Wirkung verständlich.

Das Ishikawa-Diagramm, auch **Ursache-Wirkungs-Diagramm** oder **Fishbone-Diagramm** genannt, ist ein zentrales Werkzeug des Qualitäts- und Verbesserungsmanagements. Entwickelt wurde es in den 1940er-Jahren von Kaoru Ishikawa, einem japanischen Chemieingenieur, der zu den Begründern des modernen Qualitätsmanagements zählt. Das Diagramm dient dazu, komplexe Problemursachen systematisch zu erfassen und visuell darzustellen. Ziel ist es, nicht nur einzelne Symptome zu betrachten, sondern sämtliche möglichen Einflussfaktoren zu identifizieren, die zu einem Problem beitragen (Ishikawa, 1976).

► Damit ergänzt das Ishikawa-Diagramm die 5-Why-Methode ideal: Während 5-Why in die Tiefe geht und die Hauptursache eines Problems sucht, geht das Ishikawa-Diagramm in die Breite, indem es verschiedene mögliche Ursachenebenen strukturiert aufzeigt.

Beschreibung der Methode Das Ishikawa-Diagramm stellt die Wirkung, also das zu untersuchende Problem, als „Kopf" eines Fischs dar. Von der Hauptlinie, die als „Rückgrat" bezeichnet wird, zweigen mehrere Hauptursachen-Kategorien wie Fischgräten ab. Innerhalb dieser Kategorien werden dann Einflussfaktoren oder Teilursachen eingetragen, die zum Problem beitragen könnten.

In der klassischen Industrieanwendung werden meist sechs Hauptkategorien verwendet, die sogenannten 6 M:

1. **Mensch** (Personal, Qualifikation, Motivation)
2. **Maschine** (Technik, Ausstattung, Wartung)
3. **Material** (Verbrauchs- und Einsatzmittel)
4. **Methode** (Prozesse, Abläufe, Standards)
5. **Milieu** (Umgebung, Arbeitsbedingungen)
6. **Management** (Organisation, Führung, Kommunikation)

Diese Struktur kann flexibel an andere Bereiche angepasst werden, etwa an das Gesundheitswesen oder den Rettungsdienst. Hier können die Kategorien beispielsweise lauten:

1. Mitarbeitende
2. Prozesse
3. Ausstattung
4. Kommunikation
5. Organisation
6. Rahmenbedingungen

Beispiel aus dem Rettungsdienst: Frühfluktuation

▶ Ein Rettungsdienst stellt fest, dass neu eingestellte Notfallsanitäterinnen und Notfallsanitäter innerhalb des ersten Jahres überdurchschnittlich häufig kündigen. Statt die Ursache auf einzelne Faktoren wie „zu viel Belastung“ oder „fehlende Motivation“ zu reduzieren, kann das Ishikawa-Diagramm helfen, das Problem ganzheitlich zu analysieren.

Die Anwendung des Ishikawa-Diagramms verdeutlicht, dass eine hohe Frühfluktuation im Rettungsdienst selten auf eine einzelne Ursache zurückzuführen ist. Vielmehr wirken zahlreiche Faktoren gleichzeitig, die sich gegenseitig verstärken. Das Diagramm Abb. 4.5 zeigt exemplarisch, wie sich die Ursachen auf unterschiedliche Hauptkategorien verteilen lassen.

In der **Kategorie Mitarbeitende** wird deutlich, dass häufig *falsche Erwartungen* an den Arbeitgeber bestehen, die mit der Realität des Berufsalltags nicht übereinstimmen. Hinzu kommen *Fehler im Auswahlprozess* während des Recruitings, beispielsweise unzureichende Passung zwischen Bewerbenden und Teamkultur oder eine zu geringe Transparenz in der Bewerbungsphase.

Bei den **Prozessen** zeigen sich Defizite vor allem im Bereich des *Onboardings.* Neue Mitarbeitende erhalten oft keine strukturierte Einarbeitung, es fehlen *feste Ansprechpartnerinnen und Ansprechpartner,* etwa in Form von Paten oder Buddies, und die *Dienstplanung* wird als unübersichtlich oder unflexibel wahrgenom-

Abb. 4.5 Ishikawa Diagramm Beispiel Frühfluktuation. (Eigene Erstellung)

men. Diese organisatorischen Schwächen erschweren den Einstieg und wirken sich negativ auf Motivation und Bindung aus.

Die **Kategorie Ausstattung** betrifft sowohl die materielle als auch die fachliche Infrastruktur. Eine im Vergleich zu anderen Anbietern *schlechtere Ausstattung,* etwa bei Fahrzeugen, Materialien oder Dienstkleidung, kann ebenso zu Unzufriedenheit führen wie *unzureichende Schulungen oder Einweisungen,* beispielsweise im Umgang mit medizinischen Geräten. Der Eindruck mangelnder Professionalität wirkt sich hier unmittelbar auf die Identifikation mit dem Arbeitgeber aus.

In der **Kategorie Kommunikation** wird deutlich, dass *fehlende oder uneinheitliche Informationswege* ein wesentliches Problem darstellen. Manche Informationen werden ausschließlich per E-Mail weitergegeben, wodurch ein Teil der Mitarbeitenden sie gar nicht erreicht. Ein digitales Infoboard oder klar geregelte Kommunikationszeiten könnten hier Abhilfe schaffen. Zusätzlich erschwert eine *intransparente Kommunikation durch die Leitung* das Vertrauen in Entscheidungen. Die *fehlende Wertschätzung* seitens der Führungskräfte wird von Mitarbeitenden häufig als weiterer zentraler Frustrationsfaktor genannt.

Die **Kategorie Organisation** zeigt strukturelle und personelle Ursachen. Ein *hoher Krankheitsstand führt zu unsicheren Dienstplänen,* häufigem Einspringen und einer daraus resultierenden negativen Stimmung im Team. Darüber hinaus wird die *Diensteinteilung oft als unfair empfunden,* beispielsweise im Hinblick auf Standorte, Fahrzeugtypen (RTW, NEF etc.) oder Dienstzeiten. Auch die *Qualifikation der Leitungskräfte* spielt eine Rolle: Wenn Führungskräfte keine spezifische Leitungsweiterbildung erhalten, fehlt es an Führungs- und Kommunikationskompetenz, was wiederum die Teamzufriedenheit mindert.

In der **Kategorie Rahmenbedingungen** schließlich werden äußere Einflussfaktoren sichtbar, die die Bindung zusätzlich erschweren. Hierzu zählen die *fehlende Vergütung von Sonderleistungen,* etwa für Patenrollen oder Zusatzfunktionen, sowie begrenzte Entwicklungs- und Aufstiegsmöglichkeiten innerhalb der Organisation. Zudem verstärkt der hohe Wettbewerb mit anderen Rettungsdiensten in der Region den Druck, attraktive Bedingungen zu schaffen, um Personal zu halten.

Diese Analyse zeigt, wie das Ishikawa-Diagramm komplexe Ursachenstrukturen sichtbar macht und damit die Grundlage für gezielte Verbesserungsmaßnahmen schafft. Indem die verschiedenen Einflussbereiche gemeinsam betrachtet werden, wird erkennbar, dass die Bekämpfung von Frühfluktuation ein interdisziplinäres Thema ist, das Personalmanagement, Führung, Organisation und Kommunikation gleichermaßen betrifft.

Praktische Umsetzung des Ishikawa-Diagramms Die praktische Arbeit mit dem Ishikawa-Diagramm kann auf unterschiedliche Weise erfolgen, je nach Zielgruppe, Rahmenbedingungen und vorhandenen Ressourcen. **Besonders bewährt hat sich der Einsatz im Rahmen von Workshops oder Teambesprechungen, in denen das Diagramm gemeinsam erarbeitet wird.**

In der **analogen Variante** entsteht ein lebendiges, interaktives Bild des Problems und seiner Ursachen. Mithilfe von Metaplan- oder Moderationswänden sowie Flipcharts oder Whiteboards werden die Hauptkategorien als Fischgräten vorgezeichnet. Die Teilnehmenden beschriften anschließend Karten mit ihren Ideen und Beobachtungen, die an die entsprechende Stelle gepinnt werden. So entsteht Schritt für Schritt ein gemeinsames Verständnis der Zusammenhänge. Dieses Vorgehen fördert den Austausch, die Beteiligung aller Teammitglieder und schafft eine hohe Akzeptanz für die späteren Maßnahmen.

Für **digitale Anwendungen** stehen heute zahlreiche Plattformen zur Verfügung. Besonders geeignet sind beispielsweise Miro, Mural, Canva oder MindMeister, die bereits Vorlagen für Ishikawa- bzw. Ursache-Wirkungs-Diagramme enthalten. Diese lassen sich individuell anpassen, etwa durch eigene Farbschemata, Logos oder Strukturelemente, und ermöglichen eine gemeinsame, ortsunabhängige Zusammenarbeit. Auch auf Smartboards oder in hybriden Meetings kann das Diagramm direkt bearbeitet werden, wodurch analoge und digitale Methoden wirkungsvoll kombiniert werden können.

In der praktischen Umsetzung sollte stets **darauf geachtet werden, dass das Diagramm umfassend ist, aber übersichtlich bleibt.** Bei komplexen Themen kann es sinnvoll sein, weitere Fischgräten hinzuzufügen oder die Kategorien zu erweitern, beispielsweise um Aspekte wie Finanzen, Management oder Schnittstellenkommunikation. Entscheidend ist, dass die Darstellung nicht in ihrer Struktur überladen wird, sondern als klare Grundlage für die Priorisierung und Maßnahmenplanung dient.

► Das fertige Ishikawa-Diagramm kann im Anschluss als Arbeits- und Reflexionsgrundlage genutzt werden: Welche Ursachen können kurzfristig behoben werden? Wo ist strukturelle Veränderung nötig? Welche Themen lassen sich bündeln, weiterdelegieren oder in bestehende Projekte integrieren? Auf diese Weise wird aus der Analyse ein handlungsorientiertes Werkzeug, das konkrete Verbesserungsprozesse anstößt.

Darüber hinaus erinnert das Ishikawa-Diagramm in seiner Struktur stark an das **Mindmapping.** Beide Methoden fördern ein vernetztes Denken und unterstützen Teams darin, Zusammenhänge visuell zu erfassen. Der Unterschied liegt vor allem im Ziel: Während Mindmaps frei assoziativ aufgebaut sind, folgt das

Ishikawa-Diagramm einer klaren, kausalen Logik. In der Praxis können jedoch beide Ansätze sinnvoll miteinander kombiniert werden, etwa, indem in einem ersten Schritt Ideen frei gesammelt und anschließend in die Fischgrätenstruktur überführt werden.

Damit wird das Ishikawa-Diagramm zu einem vielseitigen Instrument für Teamreflexion, Qualitätsmanagement und strategische Entwicklung. Im Rettungsdienst, wo Ursachen komplex, Verantwortlichkeiten verteilt und Prozesse eng miteinander verflochten sind, kann diese Methode helfen, gemeinsam den Blick für das Ganze zu schärfen und nachhaltige Verbesserungen systematisch einzuleiten.

4.5 Pareto-Analyse (80/20 Regel)

Ein kleiner Teil der Ursachen bewirkt den größten Teil der Ergebnisse.

Die Pareto-Analyse, auch bekannt als 80/20-Regel, ist ein klassisches Instrument des Qualitäts- und Verbesserungsmanagements. Sie geht auf den italienischen Ökonomen Vilfredo Pareto (1848–1923) (Pareto, 1964) zurück, der feststellte, dass in vielen Bereichen des Lebens eine kleine Zahl von Ursachen einen Großteil der Wirkungen hervorruft. Ursprünglich beobachtete Pareto, dass etwa 20 % der Bevölkerung rund 80 % des Vermögens besaßen. Dieses Prinzip wurde später von Juran (1954) in das Qualitätsmanagement übertragen und bildet heute einen festen Bestandteil des Kaizen-Ansatzes.

▶ Übertragen auf Organisationen bedeutet das: Etwa 20 % der Probleme, Prozesse oder Ursachen erzeugen rund 80 % der Ergebnisse, Fehler oder Kosten. Wer diese „kritischen 20 %" identifiziert, kann mit vergleichsweise geringem Aufwand eine große Wirkung erzielen. Genau darin liegt die Stärke der Pareto-Analyse im Kaizen-Kontext.

Beschreibung und Vorgehensweise Die Pareto-Analyse dient der Priorisierung von Handlungsfeldern. **Anstatt alle Probleme gleich zu behandeln, werden jene identifiziert, deren Lösung den größten Nutzen für das Gesamtsystem bringt.** Das Vorgehen erfolgt in mehreren Schritten:

1. **Datensammlung:** Erhebung quantitativer oder qualitativer Daten, z. B. Fehlerhäufigkeiten, Beschwerdeursachen oder Zeitverluste.
2. **Kategorisierung:** Zusammenfassen der Ursachen oder Probleme in sinnvolle Gruppen.

3. **Zählung und Bewertung:** Ermittlung, wie oft die jeweilige Ursache auftritt oder wie groß ihre Auswirkung ist.
4. **Sortierung:** Anordnung der Kategorien in absteigender Reihenfolge nach ihrer Bedeutung oder Häufigkeit.
5. **Visualisierung:** Darstellung als Pareto-Diagramm, ein Balkendiagramm mit kumulierter Linie, das zeigt, welche Ursachen den größten Anteil am Gesamtproblem haben.
6. **Fokusbildung:** Konzentration der Verbesserungsmaßnahmen auf die wenigen Hauptursachen, die die größte Wirkung versprechen.

Dieses strukturierte Vorgehen ermöglicht es, den Verbesserungsprozess gezielt zu steuern und Ressourcen dort einzusetzen, wo sie den größten Nutzen stiften.

Pareto-Analyse im Kaizen-Kontext

► Im Rahmen von Kaizen spielt die Pareto-Analyse eine zentrale Rolle, wenn es darum geht, Verbesserungspotenziale systematisch zu priorisieren. Sie wird häufig nach der Ursachenanalyse – beispielsweise im Anschluss an ein Ishikawa-Diagramm oder eine 5-Why-Betrachtung – eingesetzt.

Anstatt alle erkannten Ursachen gleichermaßen zu bearbeiten, unterstützt die Pareto-Analyse dabei, sich auf die entscheidenden Schlüsselfaktoren zu konzentrieren. **Damit verbindet sie das Streben nach kontinuierlicher Verbesserung mit einem ökonomischen Ressourceneinsatz,** ein Kerngedanke des Kaizen-Prinzips.

Beispiel aus dem Rettungsdienst: Einsatzdauer

In einem Qualitätsprojekt eines Rettungsdienstes wurde festgestellt, dass sich die Gesamtdauer vom Abschluss der Patientenversorgung am Einsatzort (beginnend mit der Frage der Zielklinik) bis zur Wiederherstellung der Einsatzbereitschaft (Status 1) erheblich verlängert hat. Bereits nach der Anfrage nach einer möglichen Zielklink während des Einsatzes, vergehen häufig mehrere Minuten, bis das Rettungsmittel in den Status 7 wechselt und die Zielklinik anfahren kann. Im weiteren Verlauf kommt es auch nach Eintreffen am Krankenhaus zu zusätzlichen Verzögerungen, von langen Rückfrageschleifen über freie Aufnahmekapazitäten bis hin zu Wartezeiten bei der Patientenübergabe und technischen Problemen bei der Dokumentation (NIDApad). Auch das Warten auf eigene Gerätschaften wie beispielsweise Vakuumschienen verzögert die Herstellung der Einsatzbereitschaft.

Diese kumulierten Verzögerungen führen dazu, dass Rettungsmittel überdurchschnittlich lange gebunden bleiben und somit nicht für neue Einsätze zur Verfügung stehen. Die Folge sind verlängerte Eintreffzeiten, eine verringerte Systemeffizienz und eine höhere Belastung für die übrigen Rettungsmittel.

Über einen Zeitraum von mehreren Wochen wurden die Ursachen systematisch erfasst und anschließend im Rahmen einer Pareto-Analyse ausgewertet (Tab. 4.6).

Die Auswertung zeigt, dass allein die ersten beiden Ursachen, fehlende Übersicht über Krankenhauskapazitäten und Verzögerungen bei der Patientenübergabe, bereits mehr als 50 % der gesamten Verzögerungen erklären.

Im Sinne der Pareto-Logik bedeutet das: Wenn der Rettungsdienst in diesen beiden Bereichen Verbesserungen erzielt, kann er den größten Teil des Gesamtproblems lösen, ohne alle Ursachen gleichzeitig bearbeiten zu müssen.

Ableitung von Maßnahmen

Auf Grundlage der Analyse wurden folgende prioritäre Maßnahmen definiert:

- **Einführung einer zentralen digitalen Krankenhauskapazitätsübersicht,** die den Disponenten und Rettungsmitteln in Echtzeit anzeigt, welche Kliniken freie Ressourcen haben.
- **Entwicklung eines standardisierten Kommunikationsverfahrens** zwischen Fahrzeugbesatzung, Leitstelle und Krankenhäusern, um Rückfrageschleifen zu verkürzen.
- **Aufbau eines Kooperationsformats mit den Kliniken,** um Übergabeprozesse zu harmonisieren (z. B. durch feste Ansprechpersonen oder abgestimmte Übergaberäume, ausreichend Tragen und regelmäßige gemeinsame Gemba-Walks Abschn. 4.6).
- **Anschaffung (zusätzlicher) Docking-Stations** für NIDA-Pads und **Lagerung von Reservegerätschaften** (Vakuumschienen, Vakuummatratzen etc.) durch den Rettungsdienst in den Notaufnahmen, um technische und Materielle Engpässe zu vermeiden.

Diese Maßnahmen adressieren die Hauptursachen mit dem größten Wirkungsgrad, genau im Sinne der 80/20-Regel: mit begrenztem Aufwand größtmöglichen Effekt erzielen.

Tab. 4.6 Pareto Analyse Einsatzdauer

Ursache	Anteil an der gesamten Verzögerungszeit
Keine Übersicht über freie Krankenhauskapazitäten/lange Rückfragen	28 %
Verzögerte Patientenübergabe aufgrund fehlender Räumlichkeiten oder Abläufe in der Notaufnahme	24 %
Lange Wege und Wartezeiten im Krankenhaus	18 %
Technische Probleme mit NIDApad (Datenübertragung, Neustarts) und langes Warten auf eigene Gerätschaften/ Materialien wie beispielsweise Vakuumschienen	12 %
Stau an Docking-Stations und Druckern	9 %
Sonstige Ursachen (z. B. Personalwechsel, Übergabegespräche, Dokumentationsnachträge)	9 %

Quelle: Eigene Erstellung

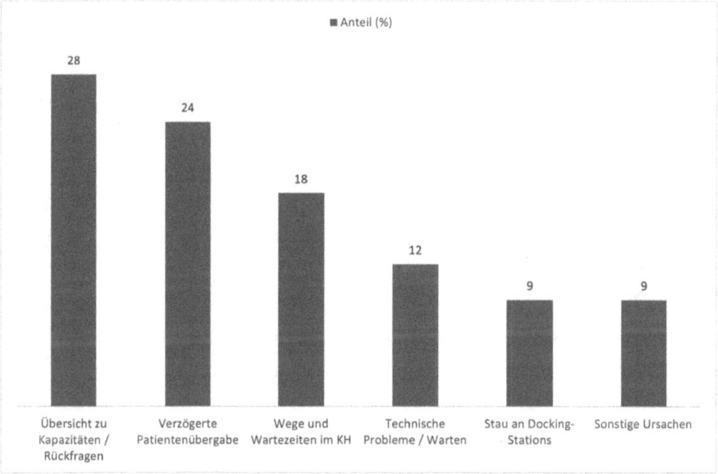

Abb. 4.6 Diagramm zur Pareto Analyse: Einsatzdauer. (Eigene Erstellung)

Visualisierung und digitale Nutzung Das Ergebnis der Pareto-Analyse lässt sich in einem Pareto-Diagramm darstellen Abb. 4.6. Auf der x-Achse werden die Ursachen in absteigender Reihenfolge nach ihrem Anteil dargestellt, auf der y-Achse die jeweilige prozentuale Wirkung.

In Kaizen-Workshops oder Teamsitzungen kann dieses Diagramm sowohl analog auf Flipcharts als auch digital mit Tools wie Excel, PowerPoint oder Miro erstellt werden. Dadurch bleibt die Analyse nachvollziehbar, kann regelmäßig aktualisiert und in Folgemeetings zur Erfolgskontrolle herangezogen werden.

4.6 Gemba Walks

Gehe hin, frage warum und zeige Respekt.

Der Begriff **Gemba (japanisch: 現場)** bedeutet wörtlich **„der Ort, an dem etwas tatsächlich geschieht“.** Im Kaizen-Kontext beschreibt Gemba jenen Ort, an dem Wertschöpfung oder Dienstleistung real erbracht wird, in der Industrie also den Produktionsbereich, im Rettungsdienst und Gesundheitswesen den Ort der direkten Leistungserbringung, etwa den Einsatz, die Notaufnahme oder die Rettungswache.

Ein Gemba Walk ist eine **strukturierte Form der Beobachtung,** bei der Führungskräfte oder speziell geschulte Personen regelmäßig den Ort der Arbeit aufsuchen, um Prozesse in ihrer realen Umgebung zu verstehen, Probleme unmittelbar zu erkennen und Mitarbeitende in den Verbesserungsprozess einzubinden.

► Das EMS Field Observer System, welches auf Grundzügen der internationalen Field Supervisor beruht und auf den deutschen Rettungsdienst angepasst ist, bietet hier eine gute Grundqualifikation und Entwicklungsmöglichkeiten für interessiertes Rettungsdienstpersonal. Details Abschn. 5.1

Das Konzept wurde maßgeblich durch **Taiichi Ohno,** einen der Väter des Toyota-Produktionssystems, geprägt. Sein Grundgedanke lautete (Liker, 2004, S. 223; Ohno, 1988, S. 17):

„Go see, ask why, show respect.“

Diese drei Prinzipien beschreiben den Kern des Gemba Walks:

- **Go see:** Geh dorthin, wo die Arbeit passiert.
- **Ask why:** Frage nach den Hintergründen, beobachte, verstehe.
- **Show respect:** Zeige Respekt gegenüber den Mitarbeitenden, die die Arbeit täglich leisten.

Gemba Walks dienen also nicht der Kontrolle, sondern dem Verstehen und gemeinsamen Lernen. Sie sollen Führungskräfte und Prozessverantwortliche befähigen, den tatsächlichen Ablauf zu sehen, anstatt sich ausschließlich auf Berichte, Zahlen oder Annahmen zu stützen.

► Während ein traditioneller Audit häufig eine Überprüfung anhand von Standards ist, liegt der **Fokus des Gemba Walks auf Wahrnehmung, Verständnis und Dialog.** Er ist ein Werkzeug der achtsamen Prozessbeobachtung und damit ein wesentlicher Bestandteil einer lernenden Organisation im Sinne des Kaizen.

Ziele und Nutzen Ein Gemba Walk verfolgt mehrere zentrale Ziele:
- **Transparenz schaffen:** Prozesse werden im tatsächlichen Arbeitskontext sichtbar.
- **Abweichungen erkennen:** Unterschiede zwischen Soll- und Ist-Abläufen werden nachvollziehbar.
- **Verständnis fördern:** Führungskräfte verstehen Ursachen, statt Symptome zu bewerten.
- **Mitarbeitende beteiligen:** Teams werden aktiv in die Beobachtung und Lösungsentwicklung eingebunden.
- **Verbesserungen initiieren:** Erste Ideen und Quick Wins entstehen direkt im Gespräch vor Ort.

Für den Rettungsdienst bedeutet das: Die Verbesserung entsteht nicht im Büro oder in Meetings, sondern dort, wo Versorgung, Kommunikation und Organisation tatsächlich stattfinden, also „am Einsatzort des Systems".

Methodisches Vorgehen Ein Gemba Walk folgt in der Regel einer klaren Struktur:

1. **Vorbereitung:** Festlegung des Beobachtungsziels (z. B. Patientenfluss, Materiallogistik, Dokumentationsprozesse) und Auswahl der beteiligten Personen.
2. **Durchführung:** Beobachtung der Abläufe am Ort des Geschehens, möglichst ohne zu unterbrechen. Fragen werden gestellt, um Zusammenhänge zu verstehen, nicht um Schuldige zu finden.
3. **Reflexion:** Gemeinsame Besprechung der Beobachtungen mit den beteiligten Mitarbeitenden. Identifikation von Abweichungen, Engpässen und Verbesserungsideen.

4. **Auswertung:** Dokumentation der Erkenntnisse, Ableitung von Maßnahmen und Verantwortlichkeiten.
5. **Nachverfolgung:** Prüfung, ob beschlossene Verbesserungen umgesetzt wurden und Wirkung zeigen.

Damit wird der Gemba Walk zu einem Kreislauf aus Beobachtung, Reflexion und kontinuierlicher Anpassung, der die Prinzipien von Kaizen konkret erfahrbar macht.

Praxisbeispiel: Gemba Walk in der Notaufnahme
In einem gemeinsamen Projekt von Rettungsdienst und Klinikleitung wurde die Verzögerung zwischen Eintreffen und Übergabe von Patienten in der Notaufnahme als Problem erkannt. Zur systematischen Analyse führten eine qualifizierte Fachkraft aus dem Qualitätsmanagement der Klinik sowie ein Mitarbeiter mit Kaizen-Weiterbildung, ein EMS Field Observer, über mehrere Tage hinweg Gemba Walks in der zentralen Notaufnahme durch.

Ziel war es, die Abläufe zwischen Eintreffen des Rettungsmittels, Übergabe und Wiederherstellung der Einsatzbereitschaft aus verschiedenen Perspektiven zu beobachten. Während der Beobachtung wurden sowohl Prozesszeiten (z. B. Wartezeiten, Umlagerung, Dokumentation) als auch kommunikative Schnittstellen (z. B. Übergabe an Pflege oder Ärztinnen und Ärzte) dokumentiert.

Die Beobachtenden hielten sich dabei bewusst im Hintergrund, stellten gezielte Verständnisfragen und notierten beobachtete Abweichungen oder Wiederholungsmuster. In anschließenden Reflexionsgesprächen mit den beteiligten Teams wurden Ursachen und Verbesserungsideen gesammelt.

Aus den Gemba Walks ergaben sich mehrere konkrete Verbesserungspotenziale, darunter:

Aus den im Rahmen der Gemba Walks gewonnenen Beobachtungen ergaben sich mehrere konkrete Verbesserungspotenziale, die sowohl die Zusammenarbeit zwischen Rettungsdienst und Klinik als auch die internen Abläufe in der Notaufnahme betreffen.

Ein zentrales Ergebnis war die **Notwendigkeit einer besseren Kommunikation zwischen Leitstelle und Notaufnahme.** Hier wurde empfohlen, eine verantwortliche Ansprechperson in der Notaufnahme zu benennen, die frühzeitig über die Eintreffzeit des Rettungsmittels informiert wird. Dadurch können Ressourcen – etwa Personal oder Räumlichkeiten – gezielter vorbereitet werden. Ein mehrfach gehörter als „Running Gag" war zuvor „Der Rettungsdienst macht im Schockraum das Licht an." und kennzeichnete die vorherige schlechte Kommunikation.

Darüber hinaus soll ein **gemeinsames Grundverständnis über die Bedeutung von Wartezeiten für Rettungsmittel** geschaffen werden. Vielen Mitarbeitenden in der Klinik ist nicht bewusst, dass die Zeit, in der Rettungsmittel in der Notaufnahme warten, unmittelbar zu einer reduzierten Einsatzverfügbarkeit führt. *Die Folge sind längere Eintreffzeiten bei nachfolgenden Einsätzen und eine höhere Belastung der übrigen Fahrzeuge im System.* Diese Zusammenhänge sollten im Rahmen gemeinsamer Besprechungen oder Schulungen transparent vermittelt werden, um ein gegenseitiges Verständnis für die operative Bedeutung von Zeitverlusten zu fördern.

Ein weiterer Handlungsschwerpunkt betraf die **Verfügbarkeit und den Umgang mit medizinischen Geräten und Materialien.** Im Rahmen der Beobachtungen zeigte sich, dass häufig erhebliche Wartezeiten entstanden, weil beim Patienten eingesetzte Gerätschaften – beispielsweise Vakuumschienen oder Vakuummatratzen – aus unterschiedlichen Gründen erst spät entfernt und für die RTW-Besatzung Wartezeiten entstanden. Als Gegenmaßnahme wurde beschlossen, Reservesätze ausgewählter Gerätschaften in der Notaufnahme bereitzuhalten. Dadurch kann das eingesetzte Material unmittelbar nach der Übergabe ersetzt werden, ohne dass das RTW-Team auf dessen Rückgabe warten muss. Dieses Vorgehen reduziert unnötige Wartezeiten, vermeidet Frustration auf Seiten der Rettungsdienstteams und entlastet zugleich das Klinikpersonal, das bislang mit den Rückgabesituationen konfrontiert war.

Darüber hinaus sollte sichergestellt werden, dass in der Notaufnahme **jederzeit ausreichend Tragen oder Liegen verfügbar sind,** um ein Umlagern des Patienten zu ermöglichen, auch dann, wenn noch kein Behandlungszimmer frei ist. Auf diese Weise kann der Rettungsdienst seine Aufgabe zügig abschließen, während die Weiterbehandlung innerhalb des Krankenhauses vorbereitet wird.

Diese Maßnahmen adressieren zentrale Engpässe im Übergabeprozess und zeigen, wie Gemba Walks durch Beobachtung und Dialog konkrete, praxisnahe Verbesserungen hervorbringen können, ohne große Investitionen, aber mit spürbarem Effekt auf die Prozessqualität und Systemeffizienz.

Das Ergebnis war nicht nur eine spürbare Verkürzung der Durchlaufzeiten, sondern auch eine verbesserte Zusammenarbeit zwischen Klinik- und Rettungsdienstpersonal. Entscheidend war, dass die Beobachtungen nicht von außen verordnet, sondern im Dialog vor Ort entwickelt wurden, ganz im Sinne des Kaizen-Grundgedankens: Lernen durch Beobachtung und gemeinsames Gestalten.

Beteiligung und Kommunikation im Gemba Walk

► **Tipp**

Ein wesentlicher Erfolgsfaktor für Gemba Walks im Rettungsdienst ist eine klare und frühzeitige Kommunikation mit allen Beteiligten. Gerade weil das Konzept der Prozessbeobachtung in diesem Arbeitsfeld noch vergleichsweise neu ist, sollte im Vorfeld verständlich erläutert werden, worum es geht und ebenso wichtig: worum es nicht geht.

Ein Gemba Walk dient nicht der fachlichen Bewertung oder Kontrolle einzelner Mitarbeitender, sondern der gemeinsamen Analyse und Verbesserung von Abläufen.

Besonders sinnvoll ist es, jeden Gemba Walk unter ein konkretes Ziel oder eine Fragestellung zu stellen, etwa die Analyse einer Schnittstelle, die Untersuchung eines bestimmten Prozessschrittes oder die Suche nach Potenzialen zur Optimierung der Übergabezeiten. Dieses Ziel sollte vorab mit den beteiligten Personen abgestimmt und transparent kommuniziert werden.

Wird beispielsweise eine Rettungswagenbesatzung begleitet, darf zu keinem Zeitpunkt der Eindruck entstehen, dass ihre medizinisch fachliche Arbeit bewertet wird. Dies erfordert Feingefühl, kommunikative Kompetenz und ein klares Rollenverständnis. Besonders herausfordernd ist dies, wenn der oder die Beobachtende aus demselben Team stammt. Hier ist es wichtig, die Beobachtungsrolle bewusst abzugrenzen, Neutralität zu betonen und eine offene, vertrauensvolle Atmosphäre zu schaffen.

Nur wenn die Beteiligten den Sinn und die Zielrichtung des Gemba Walks verstehen, entsteht Akzeptanz und damit die Grundlage für ehrliche Beobachtungen und nachhaltige Verbesserungen.

4.7 Prozessflussanalyse

Nur wer den Prozess kennt, kann ihn verbessern.

Die Prozessflussanalyse (engl. Process Flow Analysis oder Value Stream Mapping) ist ein methodisches Instrument zur Darstellung und Bewertung von Prozessen. Ihr **Ziel ist es, Abläufe in ihrer Gesamtheit zu erfassen, Schnittstellen sichtbar zu machen und ineffiziente Schritte, Wartezeiten oder Doppelarbeiten zu identifizieren.**

▶ Im Kaizen-Kontext gehört die Prozessflussanalyse zu den wichtigen Grundlagenmethoden, da sie die Basis für kontinuierliche Verbesserung bildet. Sie macht sichtbar, wie Arbeit tatsächlich fließt, also welche Schritte nacheinander erfolgen, wo Informationen oder Materialien übergeben werden und wo im Prozess Zeit oder Ressourcen verloren gehen.

Das zentrale Prinzip lautet

Während klassische Organigramme Hierarchien abbilden, zeigt die Prozessflussanalyse den realen Ablauf der Wertschöpfung. Im Rettungsdienst ist sie ein wesentliches Werkzeug, um die Zusammenarbeit zwischen verschiedenen Berufsgruppen, Abteilungen oder Organisationen zu verstehen und gezielt zu verbessern.

Ziele und Nutzen

Die Prozessflussanalyse verfolgt mehrere Ziele:

- **Transparenz schaffen:** Darstellung der tatsächlichen Abläufe von Anfang bis Ende.
- **Abweichungen erkennen:** Aufdeckung von Medienbrüchen,[2] Doppelarbeiten oder unnötigen Wegen.
- **Zeitverluste identifizieren:** Sichtbarmachen von Wartezeiten, Engpässen und Rückkopplungsschleifen.
- **Schnittstellen verstehen:** Erkennen von Übergaben zwischen Personen, Berufsgruppen oder Organisationen.
- **Verbesserungspotenziale ableiten:** Grundlage für Kaizen-Maßnahmen zur Prozessoptimierung.

Damit dient sie nicht nur der Analyse, sondern auch der Kommunikation: Komplexe Abläufe werden für alle Beteiligten sichtbar, verständlich und diskutierbar.

[2] Ein Medienbruch entsteht immer dann, wenn innerhalb eines Prozesses zwischen verschiedenen Medien, Systemen oder Darstellungsformen gewechselt wird, also zum Beispiel von digital zu analog, oder wenn Daten mehrfach manuell übertragen werden müssen. Das führt zu Zeitverlusten, Fehlerquellen und Informationslücken, genau das, was Kaizen vermeiden will.

Vorgehen

Eine Prozessflussanalyse erfolgt in mehreren Schritten:

1. **Prozess auswählen:** Festlegung, welcher Ablauf betrachtet werden soll (z. B. Fahrzeugübernahme, Patientenübergabe, Materiallogistik, Personalausfallmanagement).
2. **Ist-Prozess aufnehmen:** Gemeinsame Erfassung aller Prozessschritte in chronologischer Reihenfolge, am besten gemeinsam mit den beteiligten Mitarbeitenden.
3. **Fluss visualisieren:** Darstellung der Schritte in Form eines Prozessflussdiagramms mit Symbolen für Aktivitäten, Entscheidungen, Schnittstellen und Informationswege.
4. **Ineffizienzen identifizieren:** Analyse von Engpässen, Wartezeiten, doppelten Tätigkeiten oder unklaren Zuständigkeiten.
5. **Soll-Prozess gestalten:** Entwicklung eines verbesserten Ablaufs mit klaren Zuständigkeiten, vereinfachten Übergaben und weniger Verschwendung.
6. **Umsetzung und Nachverfolgung:** Einführung der Änderungen und Kontrolle, ob die Prozessleistung verbessert wurde.

► Zur Visualisierung werden häufig einfache Symbole genutzt, etwa Pfeile für Abläufe, Rauten für Entscheidungen oder Rechtecke für Tätigkeiten. Wichtig ist, dass der Fluss der Arbeit und der Informationen nachvollziehbar bleibt.

Beispiel aus dem Rettungsdienst: Prozess bei kurzfristigem Personalausfall

In einem Projekt eines Rettungsdienstes wurde der Prozess zur Bewältigung kurzfristiger Personalausfälle analysiert. Der Ausgangspunkt war eine wiederkehrende Situation aus der Praxis: Ein Mitarbeitender meldet sich kurz vor Dienstbeginn, etwa um 6:30 Uhr für den Dienststart um 8:00 Uhr, krank. Innerhalb kurzer Zeit muss entschieden werden, wie die Besetzung des Rettungsmittels sichergestellt wird, um die Einsatzbereitschaft nicht zu gefährden.

Die Prozessflussanalyse zielte darauf ab, zu verstehen, wie schnell und zuverlässig Ersatz organisiert werden kann und welche Strukturen oder Systeme diesen Ablauf unterstützen oder behindern.

Zunächst wurde erhoben, welche Mechanismen zur Verfügung stehen, um kurzfristige Ausfälle abzufedern:

Vorausschauende Planung und Springerregelung
Einige Rettungsdienste verfügen über einen fest eingeplanten Springerpool oder flexible Reservekräfte, die gezielt dafür vorgesehen sind, kurzfristige Ausfälle zu kompensieren. Diese Variante gilt als die effizienteste, da sie Ausfälle auffängt, bevor sie überhaupt operative Auswirkungen haben. Die Prozessanalyse zeigte jedoch, dass Springerregelungen häufig nicht konsequent umgesetzt oder zu gering bemessen sind.

Digitale Lösungen zur Dienstübernahme
Es werden zunehmend digitale Systeme genutzt, um kurzfristig freie Dienste auszuschreiben. Über Apps oder digitale Dienstplantools können offene Schichten per Push-Benachrichtigung direkt an potenziell verfügbare Mitarbeitende gesendet werden. Diese melden ihre Bereitschaft zur Dienstübernahme in Echtzeit zurück, wodurch sich Reaktionszeiten deutlich verkürzen. Entscheidend ist hierbei, dass das System intuitiv bedienbar, datenschutzkonform und verbindlich in den Dienstplanprozess integriert ist.

Manuelle Ersatzsuche
In Organisationen ohne digitale Infrastruktur erfolgt die Nachbesetzung häufig telefonisch oder über Messengergruppen. Dies führt zu hohem zeitlichem Aufwand, unklaren Zuständigkeiten und teilweise unvollständiger Dokumentation. Die Prozessanalyse verdeutlichte, dass dieser manuelle Weg insbesondere bei morgendlichen Ausfällen zu erheblichen Verzögerungen führen kann, mit unmittelbaren Auswirkungen auf die Einsatzbereitschaft der Fahrzeuge und die Belastung der verbleibenden Besatzung.

Auswirkungen auf die Einsatzbereitschaft
Während der Zeit ohne vollständige Besatzung ist unklar, ob das betroffene Fahrzeug auf Status 6 (nicht einsatzbereit) gesetzt werden muss oder ob die abzulösende Schicht vorübergehend verlängert wird. Die Prozessanalyse zeigte, dass hierfür uneinheitliche Regelungen bestehen und Mitarbeitende häufig nicht genau wissen, wie sie sich in dieser Situation verhalten sollen.

Erkenntnisse aus der Analyse
Die Prozessflussanalyse zeigte deutlich, dass der kurzfristige Personalausfall kein rein organisatorisches, sondern ein kommunikatives und systemisches Problem ist. Die Hauptursachen lagen in

- fehlenden klaren Kommunikationswegen und Verantwortlichkeiten,
- uneinheitlichen Abläufen bei der Krankmeldung,
- mangelnder technischer Unterstützung bei der Suche nach Ersatzpersonal,
- sowie fehlenden verbindlichen Regelungen für den Zeitraum der Überbrückung.

4.8 Why-Not-Check

Anstatt zu fragen, warum etwas nicht geht, frage: warum nicht.

Der Why-Not-Check ist ein Kaizen-Werkzeug zur kreativen und lösungsorientierten Problembearbeitung. Sein Ziel ist es, bestehende Annahmen, Widerstände oder Barrieren gegenüber neuen Ideen kritisch zu hinterfragen und zwar mit einem einfachen Perspektivwechsel:

► Anstatt Gründe zu suchen, warum etwas nicht funktioniert, wird aktiv gefragt, warum es nicht doch möglich sein könnte.

Das Instrument geht auf den Kaizen-Vordenker Masaaki Imai zurück (Kaizen: The Key to Japan's Competitive Success, 1986) und ist eng mit der Kaizen-Haltung des kontinuierlichen Hinterfragens verbunden. Während viele Organisationen reflexartig Argumente gegen Veränderungen suchen, fordert der Why-Not-Check dazu auf, diese Denkmuster bewusst zu durchbrechen.

Der zentrale Gedanke lautet:

„Jede Idee verdient eine faire Chance, bevor sie verworfen wird."

► Damit ist der Why-Not-Check kein klassisches Analyse-Tool, sondern ein mentales Werkzeug, das Denkblockaden löst, Innovationsprozesse fördert und den kulturellen Wandel hin zu einer offenen Verbesserungshaltung unterstützt.

4.8.1 Ziele und Nutzen

Der Why-Not-Check verfolgt mehrere Ziele:

- **Hinderliche Denkweisen aufbrechen:** Überwinden des reflexartigen „Das geht nicht“ durch konstruktives Fragen.
- **Chancenorientiertes Denken fördern:** Fokus auf Potenziale statt auf Probleme.
- **Innovationskultur stärken:** Förderung einer offenen, lernenden Haltung im Team.
- **Teamkommunikation verbessern:** Ermutigung, Ideen ohne Angst vor Ablehnung zu äußern.
- **Barrieren sichtbar machen:** Systematische Erfassung, welche tatsächlichen Gründe gegen eine Umsetzung sprechen und ob sie lösbar sind.

Vorgehen Der Why-Not-Check kann sowohl analog (z. B. auf Flipcharts, Pinnwänden oder im Workshop) als auch digital (z. B. in Miro, Mural, Canva oder über kollaborative Tabellen) durchgeführt werden.

Das Vorgehen folgt einem einfachen, aber wirkungsvollen Ablauf:

1. **Idee oder Veränderung formulieren:** Eine geplante Maßnahme, Verbesserungsidee oder Veränderung wird kurz und klar notiert, etwa:
   „Können wir den Dienstbeginn bei zwei 24 h RTW zu unterschiedlichen Zeiten legen. Ein RTW wechselt um 07:00 und der andere um 08:00 Uhr?“
2. **Mögliche Einwände sammeln:** Alle Teilnehmenden notieren spontan, warum diese Idee nicht funktionieren könnte, z. B. organisatorische, personelle, finanzielle oder rechtliche Gründe.
3. **Einwände analysieren:** Jedes „Warum nicht“ wird anschließend kritisch überprüft:
   - Ist das ein Fakt oder eine Annahme?
   - Ist das unveränderlich oder lösbar?
   - Welche Idee oder Maßnahme könnte helfen, diese Barriere zu überwinden?

4. **Lösungsansätze ableiten:** Viele scheinbare Hinderungsgründe erweisen sich bei näherer Betrachtung als lösbar oder relativierbar. Diese Erkenntnisse werden gesammelt und priorisiert.
5. **Ergebnisse dokumentieren und umsetzen:** Die gewonnenen Ideen werden in einem Maßnahmenplan oder A3-Report festgehalten und systematisch weiterverfolgt.

4.9 Kaizen-/KVP-Board

Verbesserung beginnt dort, wo Ideen sichtbar werden.

Das Kaizen- oder KVP-Board (Kontinuierlicher Verbesserungsprozess) ist ein zentrales Werkzeug, um den Kaizen-Gedanken dauerhaft im Arbeitsalltag zu verankern. Es macht Ideen, Probleme und Fortschritte sichtbar, nachvollziehbar und gemeinschaftlich bearbeitbar.

Während viele der zuvor vorgestellten Methoden (z. B. 5 Why, Ishikawa, Prozessflussanalyse) der Analyse dienen, ist das **Kaizen-Board das Instrument der Umsetzung und Nachhaltigkeit.** Es stellt sicher, dass Verbesserungsimpulse nicht in Besprechungen verpuffen, sondern konsequent dokumentiert, bewertet und umgesetzt werden.

Das Board dient damit als Schnittstelle zwischen Analyse und Handlung – und als Ort der Kommunikation, Transparenz und Beteiligung.

Im Kaizen-Verständnis gilt:

„Verbesserung wird erst dann wirksam, wenn sie sichtbar, geteilt und überprüfbar ist."

Das Kaizen-Board erfüllt genau diese Funktion: Es ist der Spiegel der Lernkultur einer Organisation.

Aufbau und Struktur Ein klassisches Kaizen- oder KVP-Board besteht aus mehreren Spalten oder Kategorien, die den Bearbeitungsprozess abbilden.

Typische Grundstruktur:

- **Idee/Problem:** Hier werden Vorschläge, Auffälligkeiten oder Probleme notiert – häufig auf Karten oder digitalen Tickets.
- **Bewertung/Prüfung:** Das Team oder eine Leitung prüft die Relevanz, Machbarkeit und Priorität.
- **In Bearbeitung:** Themen, die aktiv bearbeitet werden, z. B. durch eine Arbeitsgruppe oder Verantwortliche.
- **Umgesetzt:** Maßnahmen, die erfolgreich abgeschlossen wurden.
- **Wirksamkeit geprüft:** Optional kann eine fünfte Spalte ergänzt werden, in der überprüft wird, ob die Maßnahme tatsächlich den gewünschten Effekt erzielt hat.

Zusätzlich können farbliche Markierungen, Symbole oder Kategorien (z. B. „Prozess", „Ausstattung", „Kommunikation") genutzt werden, um Themen übersichtlich zu gliedern.

Digitale Umsetzung Neben analogen Varianten auf Whiteboards oder Pinnwänden bieten sich zunehmend digitale Kaizen-Boards an.

Tools wie Trello (Kanban Board), MeisterTask, Miro, Notion oder Microsoft Planner ermöglichen eine einfache digitale Abbildung mit drag-and-drop-Funktion, Kommentaren und Benachrichtigungen.

Vorteile der digitalen Variante:
- ortsunabhängiger Zugriff (auch von Außenwachen)
- automatische Dokumentation und Nachverfolgung
- Integration in bestehende Kommunikationssysteme (z. B. Teams, Outlook)
- optionale Statistikauswertung (z. B. Umsetzungsquote, Bearbeitungszeit)

Gerade bei größeren Rettungsdiensten mit mehreren Standorten kann ein zentral geführtes digitales Kaizen-Board helfen, übergreifende Themen zu identifizieren und Synergien zwischen den Wachen zu nutzen.

Literatur

Hirano, H. (1996). *5S for operators: 5 pillars of the visual workplace* (1. Aufl.). Productivity Press. https://doi.org/10.4324/9780367807726

Ishikawa, K. (1976). *Guide to quality control*. Asian Productivity Organization.

Juran, J. M. (1954). Universals in management planning and controlling. *The Management Review, 43*(11), 748–761.

Liker, J. K. (2004). *The Toyota way: 14 management principles from the world's greatest manufacturer*. McGraw-Hill.

Ohno, T. (1988). *Toyota production system: Beyond large-scale production*. Productivity Press.

Ohno, T. (2013). *Das Toyota-Produktionssystem* (3. erw. u. Ak. Aufl.). Campus Verlag.

Pareto, V. (1964). *Cours d'économie politique* (Nouv éd. par G.-H. Bousquet & G. Busino, S. 313–315). Librairie Droz.

REFA. (2023, 20. März). A3-Methode/A3-Report Definition – Was ist das? REFA-Portal. https://refa.de/service/refa-lexikon/a3-methode-a3-report. Zugegriffen: 15. Aug. 2025.

Said, A., Ganso, M., Parrau, N., Schulz, M., & Kayser, C. (2019). Medikationsfehler in der praxis: Die Bedeutung von look- und Soundalikes als Mitursache von Medikationsfehlern. *Bulletin zur Arzneimittelsicherheit, 2,* 24–33. Arzneimittelkommission der Deutschen Apotheker (AMK) & Bundesinstitut für Arzneimittel und Medizinprodukte (BfArM).

5 Kaizen in der Praxis: Vom Beobachten zum nachhaltigen Verbessern

Zusammenfassung

In diesem Kapitel wird gezeigt, wie Kaizen im Rettungsdienst konkret gelebt und umgesetzt werden kann. Zentrale Rolle nimmt dabei der EMS Field Observer ein, der als Bindeglied zwischen Praxis und Organisationsentwicklung fungiert. Die Qualifizierung vermittelt Methoden zur Prozessbeobachtung, Ursachenanalyse und Moderation von Verbesserungsprozessen auf Basis des Prinzips „Go see, ask why, show respect". Zugleich wird dargestellt, wie Kaizen im Alltag durch Routinen, kurze Reflexionen und sichtbare Quick Wins verankert werden kann. So entsteht eine nachhaltige Kultur des Lernens, der Zusammenarbeit und der stetigen Verbesserung im Rettungsdienst.

5.1 Qualifikation EMS Field Observer

Die Rolle des EMS[1] Field Observer bildet das Herzstück der Kaizen-Anwendung im Rettungsdienst. Sie verbindet die operative Praxis mit der kontinuierlichen Verbesserung und schafft eine systematische Brücke zwischen Alltagserfahrung und Organisationsentwicklung. Ziel der Qualifizierung ist es, Mitarbeitende zu befähigen, Prozesse strukturiert zu beobachten, Ursachen zu analysieren und Verbesserungsmaßnahmen gemeinsam mit den Teams zu initiieren.

[1] EMS = Emergency Medical Service.

D. Heine, *Kaizen im Rettungsdienst*,
https://doi.org/10.1007/978-3-658-50779-4_5

Die Grundidee basiert auf dem Prinzip *„Go see, ask why, show respect"* – also dem aktiven Aufsuchen des Arbeitsortes, dem verstehenden Hinterfragen und dem respektvollen Einbeziehen derjenigen, die die Arbeit täglich leisten Abschn. 4.6. Der EMS Field Observer agiert damit nicht als Kontrollelement, sondern als Beobachter, Moderator und Impulsgeber für Veränderung. Er trägt dazu bei, Probleme sichtbar zu machen, statt sie zu bewerten, und schafft dadurch die Grundlage für lernende Prozesse im Sinne des Kaizen.

Hintergrund und Entstehung Das Konzept des EMS Field Observer wurde durch verschiedene Vorbilder inspiriert, insbesondere durch **Beobachtungsansätze aus der Wirtschaft** sowie durch das **im Krankenhausbereich etablierte Format der Clinical Observer,** bei dem gezielte Prozessbeobachtungen zur Verbesserung von Abläufen, Kommunikation und Patientensicherheit durchgeführt werden.

Darüber hinaus flossen auch Elemente der internationalen **Field Supervisor-Rolle** ein, wie sie in einigen Rettungssystemen außerhalb Deutschlands existiert, beispielsweise bei der Berufsrettung Wien. Diese übernehmen dort häufig neben der Beobachter Rolle zusätzlich fachliche Unterstützungs- und Entscheidungsfunktionen im Einsatzdienst. Eine direkte Übertragung auf den deutschen Rettungsdienst ist jedoch aufgrund der unterschiedlichen Organisationsstrukturen, rechtlichen Rahmenbedingungen und Verantwortlichkeiten nicht ohne weiteres möglich.

Vor diesem Hintergrund wurde ein eigenständiges, auf die deutschen Gegebenheiten zugeschnittenes Konzept entwickelt: der **EMS Field Observer.**

Im Unterschied zum internationalen Field Supervisor liegt der Schwerpunkt **nicht auf medizinisch-fachlicher Analyse,** sondern **primär** auf **Prozessbeobachtung, Kommunikation und kontinuierlicher Verbesserung.** Der EMS Field Observer betrachtet Abläufe mit neutralem, systemischem Blick, erkennt Ineffizienzen, fördert den Dialog zwischen den Beteiligten und begleitet Verbesserungsmaßnahmen im Sinne des Kaizen-Gedankens.

Ich selbst habe das Konzept in Zusammenarbeit mit vielen Führungskräften aus dem Rettungsdienst entwickelt und es konnte bereits mit zahlreichen Teilnehmenden umgesetzt und in Rettungsdienste implementiert werden. Inzwischen wird es in verschiedenen Regionen Deutschlands als Bestandteil der organisationsinternen Qualitäts- und Entwicklungsarbeit eingeführt.

Ziele und Aufgaben Die Qualifizierung verfolgt das Ziel, ein gemeinsames Verständnis für Prozessbeobachtung und Verbesserungsarbeit zu entwickeln.

Zentrale Aufgaben des EMS Field Observer sind:

- die systematische Beobachtung von Abläufen und Schnittstellen (Gemba-Beobachtung),
- die Dokumentation von Prozessabweichungen und Verbesserungspotenzialen,
- die Anwendung einfacher Analysetools wie 5-Why, Ishikawa oder A3-Report,
- die Moderation von Teamgesprächen zu identifizierten Themen,
- die Begleitung der Umsetzung von Quick Wins und Kaizen-Maßnahmen.

Darüber hinaus fungieren EMS Field Observer als Multiplikatoren einer Verbesserungskultur. Sie fördern den offenen Austausch, regen Reflexion an und tragen dazu bei, dass aus individuellen Beobachtungen gemeinsames Lernen entsteht.

Zugang und Zielgruppe Die Qualifizierung steht allen interessierten Mitarbeitenden des Rettungsdienstes offen, die ein grundlegendes Verständnis für operative Abläufe mitbringen und bereit sind, Verantwortung für die Weiterentwicklung ihrer Organisation zu übernehmen.

► Neben Führungskräften, Notfallsanitäterinnen und Notfallsanitätern oder Praxisanleitenden können auch Rettungssanitäterinnen, Rettungshelferinnen sowie Mitarbeitende aus Verwaltung oder Disposition die Aufgaben übernehmen. Auch aus dem **Ehrenamt** (Hilfsorganisationen und Freiwillige Feuerwehren etc.) kommen Teilnehmende und setzen die Inhalte in den Einsatzeinheiten, Löschzügen und generell im Bevölkerungsschutz um.

Entscheidend ist weniger die formale Qualifikation als vielmehr die Fähigkeit, Prozesse objektiv zu beobachten, kritisch zu reflektieren und kommunikativ aufzubereiten.

Empfohlene Inhalte der Qualifizierung Aus eigener Erfahrung kann ich sagen, dass die Ausbildung zum EMS Field Observer sowohl theoretische Grundlagen als auch praktische Anteile umfassen sollte. **Erst durch den begleiteten Transfer der Theorie in die Praxis entstehen konkrete Erfahrungen.** Ein typisches Curriculum sollte sich in vier Themenfelder gliedern:

1. **Kaizen-Philosophie und Grundlagen kontinuierlicher Verbesserung:** Prinzipien, Denkweisen, Rollenverständnis.
2. **Prozessbeobachtung und Gemba-Methodik:** Vorbereitung, Durchführung und Nachbereitung von Beobachtungen.

3. **Analyse- und Problemlösungsmethoden:** Anwendung von 5-Why, Ishikawa-Diagramm, A3-Report und Why-Not-Check und anderer in diesem Buch vorgestellter Tools.
4. **Moderation und Kommunikation im Verbesserungsprozess:** Feedbacktechniken, Visualisierung von Ergebnissen, Einbindung der Teams.

Im Rahmen des von mir entwickelten Konzepts umfasst die Ausbildung zum EMS Field Observer eine **zweitägige Theorieschulung,** die bewusst kompakt konzipiert ist, um sich gut in die Vielzahl der Pflichtfortbildungen im Rettungsdienst integrieren zu lassen. Die Veranstaltung findet **vollständig online** statt, wodurch ein deutschlandweiter und zunehmend auch internationaler Austausch zwischen deutschsprachigen Teilnehmenden ermöglicht wird. Dieser Perspektivenwechsel gilt als zentraler Bestandteil des Lernprozesses und trägt wesentlich zur Weiterentwicklung des Programms bei.

An den Theorieblock schließt ein begleitetes Praxisprojekt an. Die Teilnehmenden wählen hierbei einen konkreten Aspekt aus ihrem Arbeitsumfeld aus, den sie praktisch – oder, falls dies nicht möglich ist, theoretisch-konzeptionell – bearbeiten. Die Ergebnisse werden in einer kurzen Hausarbeit reflektiert und dokumentiert, um die Übertragung des Gelernten in die Praxis sicherzustellen.

Zur langfristigen Vernetzung und Weiterentwicklung des Ansatzes findet zudem ein jährliches Netzwerktreffen aller bisherigen Teilnehmenden und Interessierten statt. Dort werden aktuelle Erfahrungen, Best-Practice-Beispiele und neue Erkenntnisse ausgetauscht. Auf diese Weise entsteht ein wachsendes, praxisorientiertes Netzwerk von EMS Field Observern, dass die Kaizen-Philosophie dauerhaft in der Rettungsdienstpraxis verankert.

Einbindung in die Organisation Damit die Rolle nachhaltig wirkt, ist eine klare organisatorische Verankerung erforderlich. Empfehlenswert ist eine Anbindung an das Qualitätsmanagement oder die Bereichsleitung, kombiniert mit einem engen Austausch mit (leitenden) Praxisanleitenden und Wachleitungen.

Darüber hinaus ist es entscheidend, die Rolle des EMS Field Observer im Vorfeld klar zu kommunizieren und abzugrenzen. Wer in die Beobachterrolle geht, verlässt damit häufig eine andere, vertraute Position – etwa die einer Führungskraft, Wachleitung, leitenden Praxisanleitung oder Kollegin bzw. eines Kollegen aus demselben Team. Um Missverständnisse und Rollenkonflikte zu vermeiden, muss allen Beteiligten transparent gemacht werden, welche Aufgabe und Funktion die beobachtende Person in diesem Moment einnimmt.

Dies gelingt insbesondere durch eine offene Information vor Beginn einer Beobachtung oder eines Gemba Walks: in einem kurzen Vorgespräch wird erläutert, wann, in welchem Umfang und mit welchem Ziel die Beobachtung stattfindet. So entsteht Vertrauen und Akzeptanz für die Beobachtungsrolle Abschn. 4.6.

Die Field Observer übernehmen keine Leitungsfunktion, sondern ergänzen bestehende Strukturen. Ihr Mehrwert liegt in der neutralen, datenbasierten Prozesssicht und in der Fähigkeit, fachliche und soziale Aspekte gleichermaßen zu berücksichtigen.

Durchführung der Beobachtungen Während der praktischen Einsätze übernehmen EMS Field Observer eine beobachtende, nicht eingreifende Rolle. Ziel ist es, Abläufe realistisch zu erfassen, ohne sie durch die eigene Anwesenheit oder Intervention zu beeinflussen. Um diese distanzierte Beobachterposition zu wahren, ist eine klare Kennzeichnung der Rolle unerlässlich.

Bei begleiteten Einsätzen oder Gemba Walks sollten EMS Field Observer daher deutlich sichtbar mit Brust- und Rückenschild gekennzeichnet sein. Diese Kennzeichnung – beispielweise mit der Aufschrift **„Field Observer"** dient dazu, den Status der Person unmittelbar zu verdeutlichen und Missverständnisse zu vermeiden. Sie unterstützt die Transparenz gegenüber allen Beteiligten (Abb. 5.1).

Im Einsatzkontext muss selbstverständlich die persönliche Schutzausrüstung und der Warnschutz berücksichtigt werden. Das bedeutet, dass die Kennzeichnung, etwa durch Klettschilder, auch auf der Einsatzjacke angebracht werden sollte. So bleibt die Rolle auch unter Einsatzbedingungen eindeutig erkennbar, ohne die Sicherheit zu beeinträchtigen.

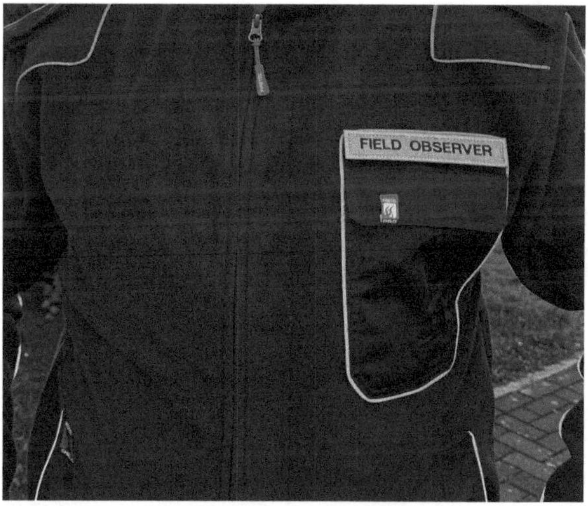

Abb. 5.1 Brustschild Field Observer. (Eigene Erstellung)

▶ **Wichtig** Neben der Information der direkt beteiligten Teammitglieder trägt die Kennzeichnung dazu bei, dass das Verhalten der beobachteten Personen möglichst unbeeinflusst bleibt. Dadurch wird gewährleistet, dass die Ergebnisse der Beobachtung authentisch und nicht verfälscht sind.

In der Praxis hat sich gezeigt, dass diese klare Rollenkommunikation die Akzeptanz und Qualität der Beobachtungen deutlich erhöht.

Nutzen für den Rettungsdienst Der gezielte Einsatz von EMS Field Observern schafft Transparenz, stärkt die Fehler- und Lernkultur und beschleunigt den Transfer von Verbesserungsideen in die Praxis.

▶ Langfristig entsteht ein Netzwerk von qualifizierten Beobachtenden, die auf unterschiedlichen Ebenen des Rettungsdienstes wirksam werden: als Impulsgeber, Moderierende und Brückenbauer zwischen Mitarbeitenden, Leitung und Qualitätsmanagement.

5.2 Umsetzung vor Ort: Kaizen leben im Alltag

Kaizen wird im Rettungsdienst erst dann wirksam, wenn die Idee des kontinuierlichen Verbesserns vom Konzept zur gelebten Routine wird. Theorie, Schulungen oder Projekte schaffen den Rahmen, doch die eigentliche Wirkung entsteht im Alltag, in der Art und Weise, wie Teams zusammenarbeiten, Probleme ansprechen und Verantwortung für Veränderungen übernehmen.

▶ Kaizen bedeutet im Kern, die Arbeit an der Arbeit zu einem festen Bestandteil des beruflichen Selbstverständnisses zu machen.

Vom Projekt zur Haltung Viele Organisationen starten mit großem Engagement in Kaizen-Initiativen, erleben erste Quick Wins und sichtbare Verbesserungen, doch nach einigen Wochen ebbt der Schwung ab. Der entscheidende Schritt besteht darin, Kaizen nicht als Sonderaktion, sondern als natürlichen Teil der täglichen Arbeit zu begreifen.

Im Rettungsdienst zeigt sich dies beispielsweise darin, dass Teams nach einem Einsatz oder während einer Fahrzeugübergabe kurz reflektieren, was gut lief und was verbessert werden könnte.

Oder dass in Dienstbesprechungen regelmäßig kleine, aber konkrete Verbesserungsideen besprochen und anschließend dokumentiert werden, etwa über ein Kaizen- oder KVP-Board.

Eine typische Frage kann sein: *„Welche zwei Dinge können wir beim nächsten Mal besser machen?“*

So wird aus einem Projekt eine Routine, aus einer Methode eine Haltung. Kaizen ist kein zusätzlicher Aufwand, sondern ein strukturierter Weg, alltägliche Herausforderungen gemeinschaftlich zu lösen und Schritt für Schritt besser zu werden.

Führung als Ermöglicher Führungskräfte nehmen dabei eine zentrale Rolle ein. Sie sind die Rahmengeber und Ermöglicher des kontinuierlichen Verbesserungsprozesses.

Ihr Beitrag besteht weniger darin, Ideen selbst zu entwickeln, sondern darin, offene Lernräume zu schaffen, in denen Mitarbeitende ihre Beobachtungen und Vorschläge angstfrei einbringen können. Wenn Führungskräfte regelmäßig an den Ort des Geschehens gehen (und damit meine ich als bewusst beobachtende Person und nicht als Wachleitung, die auch mal den RTW besetzt), Fragen stellen, zuhören und kleine Ideen sichtbar würdigen, entsteht Vertrauen.

Kaizen braucht eine Kultur, in der Ideen willkommen sind, auch dann, wenn sie unvollständig oder noch nicht ausgereift erscheinen.

Ein Satz, der in Kaizen-orientierten Organisationen häufig zu hören ist, lautet:

„Wir müssen nicht sofort alles umsetzen, aber wir hören alles an.“

Diese Haltung bewirkt, dass Teams lernen, Veränderung nicht als Kritik, sondern als gemeinsamen Fortschritt zu verstehen.

Kaizen im Rettungsdienstalltag Im Rettungsdienst gibt es viele Möglichkeiten, Kaizen in bestehende Routinen zu integrieren. Aus der Wirtschaft inspirierte Best Practice sind beispielsweise:

- **Morgendliche Kurzbesprechung:** In zwei Minuten festhalten, was im letzten Dienst gut funktioniert hat und was heute verbessert werden könnte. Bauen Sie dieses doch in das morgendliche Antreten ein.
- **Kaizen-Minute am Ende des Dienstes:** Jede Schicht hinterlässt eine kurze Rückmeldung, digital oder an der Teamtafel. Dieses dient auch als Basis für die morgendliche Kurzbesprechung.
- **Quick Wins sichtbar machen:** Kleine Erfolge, wie eine neue Ablageordnung oder optimierte Lagerkennzeichnung, werden kurz vorgestellt und gewürdigt. Hier findet sich ein besonders wertvolles Best Practice, denn es zeigt, dass sich der Mehraufwand lohnt (siehe unten)

Diese kleinen Routinen benötigen kaum zusätzliche Zeit, entfalten aber eine große Wirkung auf die Teamkultur. Sie fördern die Identifikation mit dem eigenen Arbeitsbereich, stärken den Dialog und machen Verbesserungen messbar und sichtbar.

Nachhaltigkeit durch Sichtbarkeit und Beteiligung Ein zentraler Erfolgsfaktor von Kaizen im Rettungsdienst ist die Sichtbarkeit der Veränderung. Wenn Verbesserungen nachvollziehbar dokumentiert und regelmäßig kommuniziert werden, steigt die Motivation, sich weiterhin einzubringen.

► Viele Organisationen haben gute Erfahrungen mit monatlichen „Kaizen-Days" oder kurzen Reflexionstreffen gemacht, bei denen Mitarbeitende und Wachen ihre Fortschritte vorstellen. Auch ein digitaler Newsletter oder ein Infoboard mit dem „Kaizen des Monats" kann dazu beitragen, dass Ideen nicht verpuffen, sondern Teil der gemeinsamen Entwicklungsgeschichte werden.

Auch wenn Kaizen-Days im Schichtdienst organisatorisch herausfordernd sind, bestehen zahlreiche Möglichkeiten, Informationen regelmäßig zu teilen, beispielsweise über interne Newsletter, digitale Infoboards oder kurze Updates bei der Übergabe oder beim Antreten.

► Ebenso wichtig ist die Beteiligung unterschiedlicher Berufsgruppen. Kaizen lebt von Vielfalt: Von Notfallsanitäterinnen und -sanitätern, Rettungssanitätern, Leitstellendisponentinnen, Verwaltungskräften, Auszubildenden und auch von Beteiligten der Schnittstellen in den Notaufnahmen und anderen externen Bereichen. Erst durch die unterschiedlichen Blickwinkel entstehen tragfähige Lösungen, die nicht nur Symptome, sondern Ursachen adressieren.

Kaizen als Teil der Organisationskultur Langfristig wird Kaizen zur Haltung, wenn sich das Denken in kleinen Schritten fest in der Organisation verankert. Dazu gehört, Fehler und Abweichungen als Lerngelegenheiten zu verstehen, Hierarchien im Verbesserungsprozess abzubauen und Verantwortung zu teilen.

Eine Kultur, die Verbesserung nicht „beauftragt", sondern lebt, zeichnet sich durch drei Merkmale aus:

- **Wertschätzung:** Jede Idee zählt, unabhängig davon, von wem sie kommt.
- **Verlässlichkeit:** Was entschieden wird, wird nachverfolgt. Nicht irgendwann, sondern zeitnah.
- **Transparenz:** Ergebnisse und Wirkungen werden geteilt, nicht verborgen.

Wenn es gelingt, diese Prinzipien in den Alltag zu integrieren, wird Kaizen zu einer stabilen Grundlage für Qualität, Motivation und gemeinsames Lernen im Rettungsdienst.

Übersicht

Kaizen lebt von der Haltung, Verbesserungen nicht als einmalige Aktion, sondern als fortlaufenden Prozess zu verstehen. Nachhaltigkeit entsteht dort, wo positive Veränderungen dauerhaft in die Routine übergehen und Teil des organisationalen Selbstverständnisses werden. Jede Anpassung, sei sie klein oder strukturell bedeutsam, entfaltet erst dann Wirkung, wenn sie dokumentiert, überprüft und in zukünftige Abläufe integriert wird.

Damit wird Kaizen zu einem Kreislauf: Beobachten, Verstehen, Verbessern und Verstetigen. Neue Standards entstehen aus gelungenen Verbesserungen, die wiederum den Ausgangspunkt für weitere Entwicklungen bilden. Wenn diese Denkweise zur Gewohnheit wird, entwickelt sich eine lernende Organisation, die flexibel auf Veränderungen reagiert, Wissen teilt und sich stetig weiterentwickelt.

So wird Kaizen im Rettungsdienst nicht zu einem zeitlich begrenzten Projekt, sondern zu einer dauerhaften Haltung, einer Kultur des Hinschauens, Reflektierens und gemeinsamen Gestaltens.

Praxisbeispiele und Themenfelder der Prozessbeobachtung In der Praxis zeigt sich, wie vielfältig die Einsatzmöglichkeiten von Prozessbeobachtungen im Rettungsdienst sind. Die folgenden Themenfelder geben einen Überblick über typische Beobachtungs- und Analysebereiche, die in verschiedenen Projekten erarbeitet wurden. Sie zeigen exemplarisch, wie breit Kaizen und kontinuierliche Verbesserung im Rettungsdienst angewendet werden können, von Kommunikation und Schnittstellenmanagement bis hin zu Materiallogistik, Ausbildung und Qualitätsmanagement.

1. **Kommunikation und Schnittstellen**
   - *Schnittstellenprobleme bei Polytraumata:* Fehlende SOPs und unklare Entscheidungsverantwortung zwischen Rettungsdienst, Leitstelle und Klinik.
   - *Übergabeprozesse in der Notaufnahme:* Beobachtung von Informationsverlusten und fehlender Standardisierung.
   - *Optimierung der Leitstellenkommunikation:* Analyse von Rückfrageschleifen und Verfügbarkeit von Krankenhauskapazitäten.
   - *Informationsweitergabe im Rettungsdienst:* Sicherstellung, dass relevante Informationen tatsächlich alle Beteiligten erreichen, nicht nur per E-Mail, die nicht jeder liest, sondern über funktionierende Informationskanäle oder standardisierte Kommunikationswege. Ziel Dopplungen und dadurch Mehraufwand und Fehlerquellen vermeiden, Informationsweitergabe sicherstellen.
2. **Organisation**
   - *Einführung neuer Fahrzeugtypen (NTW/NKTW):* Prozessanalyse bei der Einführung, Akzeptanz der Mitarbeitenden, Kommunikationswege mit der Leitstelle.
   - *Ressourcenplanung bei kurzfristigen Personalausfällen:* Prozessflussanalyse von Krankmeldungen bis Schichtübernahme.
3. **Qualität und Sicherheit**
   - *Einführung von Checklisten für Atemwegssicherung und Narkoseeinleitung inklusive Shadow Board:* Standardisierung kritischer Abläufe zur Reduktion von Fehlerquellen.
   - *Fehlerkultur und Kommunikation im Einsatz:* Beobachtung von Teamverhalten, Human Factors und CRM in Zusammenarbeit mit Einsatzkräften anderer Einrichtungen/Rettungsdienste.
4. **Ausbildung und Lernen im System**
   - *Mentoring- und Patenprogramme für Auszubildende:* Analyse von Pre- und Onboarding neuer Mitarbeitender im Rettungsdienst.
   - *Field Observation in der Ausbildung:* Prozessbeobachtung zur Verbesserung der Anleitungssituationen und Lernumgebung.
5. **Material, Ausstattung und Prozesse**
   - *Analyse der Fahrzeugausstattung:* Fehlende Materialien, überfrachtete Schubladen und Schränke, unklare Beschriftungen und fehlende Standardisierung – auch über verschiedene Rettungsmittel hinweg.
   - *Implementierung von Fahrzeugpatenschaften in Einsatzeinheiten:* Fahrzeugpatenschaften im ehrenamtlichen Bereich, um Einsatzbereitschaft und Materialpflege langfristig durch klare Verantwortungen zu sichern.

– *Optimierung der Lagerlogistik:* Neuorganisation der Lagerräume nach Entnahmehäufigkeit. Materialien, die häufig gemeinsam verwendet werden – wie Infusionen, Zugänge und Infusionsbestecke – werden räumlich zusammengeführt, um Wegezeiten zu verkürzen, Prozessabläufe zu beschleunigen und die Übersichtlichkeit zu erhöhen.

Die ausgewählten Beobachtungen verdeutlichen, dass Prozessanalysen und Feldbeobachtungen weit über den klassischen Qualitätsmanagement-Ansatz hinausgehen. Sie verbinden Beobachtung, Reflexion und konkrete Veränderung. Die Vielfalt der Themen zeigt zugleich, wie universell Kaizen im Rettungsdienst anwendbar ist.

5.3 Schlusswort

Ich wünsche allen, die sich mit Prozessbeobachtung, Kaizen und kontinuierlicher Verbesserung im Rettungsdienst befassen, viel Erfolg, Geduld und das nötige Fingerspitzengefühl in der Kommunikation, denn sie ist einer der wichtigsten Erfolgsfaktoren. Möge es gelingen, durch offenes Beobachten, respektvolles Miteinander und gemeinsames Lernen den Rettungsdienst Schritt für Schritt weiterzuentwickeln. Hin zu optimierten Abläufen, höherer Mitarbeiterzufriedenheit, innovativen Ideen und einer nachhaltigen, wirtschaftlich tragfähigen Zukunft.

Kolibri 360 GmbH
Ferdinand-Jühlke-Straße 7
99095 Erfurt, Deutschland
produktsicherheit@kolibri360.de